AFRIKA-STUDIEN Nr. 105

Die Schriftenreihe „Afrika-Studien" wird herausgegeben
vom Ifo-Institut für Wirtschaftsforschung e. V. München

Gesamtredaktion:

Priv. Doz. Dr. Hans-Gert Braun
Dr. Anton Gälli
Axel J. Halbach

IFO-INSTITUT FÜR WIRTSCHAFTSFORSCHUNG MÜNCHEN
ABTEILUNG ENTWICKLUNGSLÄNDER

Dekolonisation und Nationwerdung in Sansibar

Prozesse zur Unabhängigkeit und territorialen Integration

von

INGEBORG AUMÜLLER

WELTFORUM VERLAG · MÜNCHEN · LONDON

CIP-Kurztitelaufnahme der Deutschen Bibliothek

AUMÜLLER, Ingeborg
Dekolonisation und Nationwerdung in Sansibar /
Ingeborg Aumüller. — München, London: Weltforum-
Verlag, 1980.
(Afrika-Studien; Nr. 105)
ISBN 3-8039-0178-2

Alle Rechte, insbesondere das der Übersetzung in fremde Sprachen, vorbehalten.
Ohne ausdrückliche Genehmigung des Verlags ist es auch nicht gestattet, dieses Buch oder Teile
daraus auf photomechanischem Wege (Photokopie, Mikrokopie) oder auf andere Art
zu vervielfältigen.
© 1980 by Weltforum-Verlag GmbH, Tintorettostr. 1, D-8000 München 19
Weltforum Verlag, London
c/o Hurst & Co. (Publishers) Ltd.
1-2 Henrietta St., London WC2E8PS
Library of Congress Catalog Card Number
ISBN 3-8039-0178-2
Druck: Lang Offsetdruck GmbH, München
Printed in Germany

INHALTSVERZEICHNIS

    Seite

A. EINLEITUNG   1

B. ETHNISCHE UND SOZIALE GRUNDLAGEN   5
   I. Historischer Abriß   5
   II. Der ethnische Faktor   22
      1. Die Afrikaner   23
      2. Die Araber   23
      3. Die Suaheli - Eine Mischbevölkerung und deren Kultur   25
   III. Das ethnische Gebilde der Suaheli   26
      1. Der Bildungsprozess   26
      2. Die Sozialstruktur   35

C. PROZESSE DER KOLONIALISIERUNG UND DEKOLONIALISIERUNG   37
   I. Zur Theorie der kolonialen Phasen   37
   II. Die "quasi-koloniale", oman-arabische Herrschaftsausübung   43
   III. Die Errichtung kolonialer englischer Machtstrukturen   45

D. ZUR THEORIE DER NATIONWERDUNG UND DER NATION   54
   I. Die nationale Idee - der Nationalismus   56
   II. Die verschiedenen Nationalismen und die Nationwerdung in Europa und Außereuropa   58
   III. Überlegungen zum Begriff der Nationwerdung und der Nation in den neuen Staaten Afrikas   63

E. DER MÜHSAME PRKATISCHE WEG   70
   I. Die Entwicklung von demokratischen politischen Institutionen durch die englische Kolonialmacht   70

		Seite
1. Das Entstehen des Nationalismus		76
2. Die Gründung von politischen Parteien		92
3. Die Wahlen		100
II. Die Unabhängigkeit		105
1. Die vorrevolutionäre sansibarische Gesellschaft		105
2. Die Revolution		110
III. Tansania - Union von Tanganjika und Sansibar		119
F. ZUSAMMENFASSUNG		134
LITERATURVERZEICHNIS:		142
1. Bücher		142
2. Dissertationen		150
3. Aufsätze in Sammel- und Nachschlagewerken		150
4. Aufsätze in Zeitschriften und Zeitungen		150
5. Broschüren, unveröffentlichte Arbeiten		154

TABELLEN:

Nr. 1	Comparison of Main Tribes 1924, 1931 and 1948 Censuses	80
Nr. 2	Comparison of Census Population Analysis by Race Zanzibar Protectorate	81
Nr. 3	Zanzibar Protectorate: Distribution by Racial Group	82
Nr. 4	Landownership in Zanzibar by Racial Community, 1948	115
Nr. 5	Occupational Distribution in Zanzibar by Racial Community, 1948	116
Nr. 6	Access to Higher Education in Zanzibar by Racial Community, 1948	117

A. EINLEITUNG

Diese Arbeit hat mich fast 10 Jahre begleitet. Die ursprüngliche Untersuchung wurde 1971 abgeschlossen und 1972 der Universität München als Doktorarbeit vorgelegt. Das Vorhaben sollte einer Untersuchung des arabischen Einflusses auf die Nationwerdung in Ostafrika dienen, wurde aber später auf Sansibar beschränkt.

Nach einem Forschungsaufenthalt an der Universität Berkeley, USA, von 1972 - 1974 und weiteren kürzeren amerikanischen Aufenthalten wurde das Originalmanuskript teilweise umgearbeitet und durch die neuesten Ereignisse ergänzt. Die Untersuchung wurde im Frühjahr 1978 abgeschlossen.

Ein umfangreiches Literaturstudium, das für diese Arbeit betrieben wurde, war weder quantitativ noch qualitativ befriedigend. So scheinen vor allem für die neueste Zeit, in der es zu großen Schwierigkeiten und explosiven Spannungen kam, empirische Untersuchungen zu fehlen, die von einer soziologischen Fragestellung ausgehen.

Was das Mittelalter betrifft, so weisen die zuständigen historischen Werke, vor allem die Chroniken, erhebliche Mängel auf, da einerseits zwischen Ursprungsmythen, Geschichtslegenden und dem tatsächlichen Geschehen nicht klar unterschieden wird und andererseits diese Werke im Auftrag der Herrschenden - Schirazi und Araber - geschrieben wurden und nur von Dynastien und Einwanderungen berichten. Die ursprünglichen Bewohner - die Autochthonen - finden kaum Erwähnung.[1]

Ferner soll für die Neuzeit auf die englischen Berichte hingewiesen werden. Die Ereignisse werden oft nur aus der Sicht der Kolonialher-

---

[1] HARRIES Lyndon, The Arabs and the Swahili Culture, Africa, Vol. XXXIV London 1964, S. 225; dazu ferner: FREEMAN-GRENVILLE, Greville Stewart, Parker, V The Coast 1498-1840, S. 162, in: OLIVER, ROLAND and MATHEW, GERVASE (Eds.), History of East Africa, Vol. I, Oxford 1963. Er weist darauf hin, daß die Suaheli-Sprache in den portugiesischen Berichten keine Erwähnung findet.

ren [1] gesehen, was zu erheblichen Verzerrungen einer Situation führen kann [2]. So stellt MOLNOS fest, daß "Untersuchungen über die Beziehungen, die ethnischen Vorstellungen und Einstellungen zwischen Arabern und anderen Gruppen, mit denen sie in Ostafrika zusammenleben....." [3] völlig zu fehlen scheinen. Die Bemerkungen von MOLNOS beziehen sich vor allem auf die neueste Zeit.

---

1) "The superiority complex of the white man, the exclusive custodian of civilization - theirs (sic!), the one there is, sometimes called 'Christian', sometimes called 'Western' - has not this attitude of superiority led the white population to reject a priori anything whose sources, facts, or opinions bear the hallmark of an indigenous origin? In short, has history been decolonized? And if not, what has been done thus far, and what more can be done about it?" MONTEIL, V., The Decolonization of the Writing of History (1962), in: WALLERSTEIN, Immanuel (Ed.), Social Change, New York 1966, S. 592.

2) FREEMAN-GRENVILLE, Greville Stewart, Parker, Swahili Literature and the History and Archaelogy of the East African Coast, Journal of East African Swahili Committee, Vol. XXVIII, 1958 - S. 16, 18: "Sir Reginald COUPLAND's East Africa and its Invaders (27), tend to give the false impression that we are well informed. It is true that much is known about Portuguese activities and, later the commerce of other European nations in East African waters. But this is not African history."; "COUPLAND's work is largely based upon English documents, and is coloured by the correspondence and writings of his two principal heroes, LIVINGSTONE and KIRK. It is history through the eyes of the abolitionists (34): it is asserted that the slave trade is the principal theme of the last two thousand years and more."
Die Zahlenangaben im englischen Text beziehen sich auf COUPLAND, Reginald, East Africa and its Invaders, Oxford 1938.

3) MOLNOS, Angela, Die sozialwissenschaftliche Erforschung Ostafrikas 1954 - 1963, Berlin 1965, S. 82.

Grundlage dieser Untersuchung sind die zeitlichen Abläufe der Kolonisations- und Dekolonisationsprozesse, die im Bereich der Territorien der Inseln Pemba, Tumbatu und Sansibar durch die Einflußnahme der Engländer hervorgerufen wurden. Anhand des Konzeptes der Kolonisations- und Dekolonisationsprozesse wird dann die englische koloniale Kontrollausübung in Sansibar einer eingehenden Analyse unterzogen.

Grundlage dieser Untersuchung sind weiter die während der Dekolonisationsprozesse in Sansibar sich entwickelnden Nationalismen, die als soziale Bewegungen versuchten, ihre politischen Ideen einer als richtig erachteten Ordnung in die Wirklichkeit umzusetzen; d.h. ihre Wertmaßstäbe und Verhaltensnormen sollten handlungsrelevant für die sansibarische Gesellschaft werden. Das Zentralproblem der politischen Entwicklung in Sansibar war der Versuch des kleinen arabischen ethnischen Gebildes, die politische und teilweise auch die wirtschaftliche Kontrolle zu behalten, d.h. die Afrikaner von der politischen und wirtschaftlichen Kontrolle auszuschließen.

Unter dem Druck der Diskriminierung und Ausbeutung, zuerst durch die Araber und dann durch die Engländer, kam es letzten Endes zur Entwicklung eines gemeinsamen Identifikationsbezuges, der die autochthonen Suahelis mit den nach Sansibar eingewanderten Festland-Afrikanern verband, wobei es zur Ausbildung eines afrikanischen Nationalismus kam, der mit dem arabischen in Konkurrenz trat. Trotz der parlamentarischen Regierungsformen, die von den Engländern eingeführt worden waren, versagten die demokratischen Institutionen; die Afrikaner - Schirazis und Festland-Afrikaner - suchten den Konflikt mit Gewalt in einer Revolution zu lösen.

Die Ereignisse der letzten Jahre, beginnend 1964 mit dem Zusammenschluß von Tanganjika und Sansibar zum Staat Tansania, lassen trotz der unterschiedlichen sozialen und wirtschaftlichen Strukturen die Vermutung aufkommen, daß es allmählich zu einer stärkeren Integration zwischen dem Festland und den Inseln kommt. Doch bestehen nach wie vor berechtigte Bedenken, die u.a. durch die unterschiedliche historische und wirtschaftliche Entwicklung bedingt sind. So kommt es z.B. nach wie vor zu erheblichen Meinungsverschiedenheiten zwischen den beiden Teilen der Union über die Vorstellungen einer sozialistischen Ordnung, die in die gesellschaftliche Wirklichkeit umgesetzt - d.h. zu einer sozialistischen Gesellschaft führen soll.

Die in der Arbeit von 1972 vertretene Ansicht[1], daß trotz der politi-

---

1) vgl. AUMÜLLER, Ingeborg, Zum Problem der "Nationwerdung" in Sansibar, Diss., München 1972

schen Union die Afrikaner in Sansibar versuchen, die gedachte Ordnung einer afrikanischen Nation sansibarischer Prägung als handlungsrelevantes Leitbild in der sansibarischen Gesellschaft zu verwirklichen, soll nicht unbedingt aufrechterhalten werden, da in den vergangenen Jahren Ereignisse eingetreten sind, die diese Auffassung nicht mehr rechtfertigen. Jedoch muss darauf hingewiesen werden, daß trotz der versuchten Integration im politischen Bereich Sansibar nach wie vor eine eigene Regierung besitzt; Rechtswesen und Wirtschaft sind ebenfalls unabhängig vom Festland und sollen vorerst auch nicht integriert werden. Wie Äußerungen führender sansibarischer Politiker zeigen, ist auch nicht beabsichtigt, diese Eigenständigkeiten in naher Zukunft aufzugeben.

B. ETHNISCHE UND SOZIALE GRUNDLAGEN

Im 1. Kapitel wird ein geschichtlicher Abriss von der Einwanderung der Perser und Araber bis zum Zusammenschluß von Sansibar und Tanganjika zum Staat Tansania gegeben. Daran schließt sich eine ausführliche Darstellung des ethnischen Faktors, da die ethnische Polarisierung zum Zusammenbruch des parlamentarischen Systems führte und es durch eine Revolution zu einem gewaltsamen politischen Umbruch kam. Die Revolution war in erster Linie ein ethnischer und kein Klassenprotest. Im 3. Kapitel wird ausführlich auf den Bildungsprozeß und die Sozialstruktur des ethnischen Gebildes der Suaheli eingegangen.

I. Historischer Abriß

Die ostafrikanische Küste gehörte schon lange vor Christi Geburt, ehe geschichtliche Aufzeichnungen in diesem Gebiet begannen, zum Handelsgebiet des Indischen Ozeans.[1] Die transozeanischen Kontakte[2] der ostafrikanischen Küste sind einerseits durch den Monsun und andererseits durch die ostafrikanischen Handelsgüter Sklaven, Elfenbein und Gold bedingt gewesen. Der Monsun muß als Ursache für den Handel und die Wanderung nach Ostafrika angesehen werden[3]. Seit dem 7. Jahrhundert setzte eine Wanderbewegung vor allem aus Persien und Südarabien, aber auch aus Somalia und Indien ein.[4] Zwischen

---

1) FREEMAN-GRENVILLE, Greville Stewart Parker, The Medieval History of the Coast of Tanganyika. London, Berlin 1962, S. 2.

2) TRIMINGHAM, John Spencer, Islam in East Africa, Oxford 1964, S. 2.

3) Der Monsun weht regelmäßig von Dezember bis Februar aus Nordnordost vom Golf von Oman zur Westküste des Indischen Ozeans und von April bis September aus Südsüdwest in entgegengesetzter Richtung. Siehe dazu: COUPLAND, Reginald, Invaders S. 15 f.

4) MIDDLETON, John and CAMPBELL, Jane, Zanzibar. Its Society and its Politics, London 1965, S. 2.

dem 7. und 13. Jahrhundert führten diese Wanderbewegungen[1] zur Bildung einer Reihe von Handelsposten, deren Entstehung in sagenhaftem Dunkel bleibt und nur in groben Zügen nachvollzogen werden kann. Die Anlage dieser zumeist voneinander unabhängigen befestigten Stützpunkte[2] im ostafrikanischen Küstenbereich erfolgte an besonders verkehrsgünstigen, strategisch bedeutenden Land- und Seewegen.

Es waren vor allem merkantile Seefahrer, die die städtischen Siedlungsformen und die ihnen entsprechenden Lebensformen in dieses Gebiet brachten. Doch nicht nur Kauffahrer wanderten nach Ostafrika ein, sondern auch Flüchtlinge aus politischen[3] und religiösen[4] Gründen. Seit dem 10. Jahrhundert[5] entwickelten sich an der ostafrikanischen Küste und den Inseln Stadtstaaten, die der Sicherung des Handels dienten. Mogadishu und Kilwa müssen als die bedeutendsten angesehen werden[6].

---

1) PRINS, Adrian, Hendrik, Johan, The Swahili-Speaking Peoples of Zanzibar and the East African Coast, London 1967, S. 40.

2) SCHNEIDER, Karl-Günther, Dar es Salaam: Stadtentwicklung unter dem Einfluß der Araber und Inder, Beiträge zur Länderkunde Afrikas, Bd. II, Wiesbaden 1965, S. 4.

3) So flohen um 700 Suleiman und Said, die einer Herrscherfamilie in Oman angehörten, vor den eindringenden Truppen des Kalifen aus Damaskus, nach Ostafrika. Siehe dazu: PRINS, Adrian, Hendrik, Johan, S. 41; BADGER, George, Percy, History of the Imans and Seyyids of Oman, London 1871, S. 2 ff. und MILES, G., The Countries and Tribes of the Persian Gulf, London 1920(?), Bd. I, S. 49 ff., beide zitiert bei PRINS, Adrian, Hendrik, Johan, S. 40, Fußnote 131.

4) Siehe dazu: BURKE, E.E., Some Aspects of Arab Contact with South East Africa, in: Historians in Tropical Africa, Salisbury 1962, S. 93 (1) ff.: PRINS, Adrian, Hendrik, Johan, S. 41.

5) MIDDLETON, John and CAMPBELL, Jane, S. 2.

6) Die Chronik von Kilwa, die auf Anordnung des herrschenden Sultans zu Anfang des 16. Jahrhunderts verfaßt wurde, ist zwar in Arabisch geschrieben, aber die Datierung und eine Anzahl Worte sind in Suaheli. Siehe dazu: FREEMAN-GRENVILLE, Greville, Stewart, Parker, Chronology of the Sultans of Kilwa, Tanganyika Notes and Records Nr. L, 1958, S. 85, 88 f.; Ders., 1962, S. 82; Ders., 1963, S. 162. Zur Suaheli-Version, die im späten 19. Jahrhundert niedergeschrieben wurde, siehe: VELTEN, Carl, Prosa und Poesie der Suaheli, Berlin 1907.

Kilwa wurde im 10. Jahrhundert[1] oder im 12. Jahrhundert[2] als Handelsposten von Persern aus dem Gebiete von Schiraz oder dem Persischen Golf gegründet. Es dehnte sich später auf Mafia und einige andere Inseln aus. Die persischen Migranten wurden als Schirazi bezeichnet. Diese Berichte[3] müssen als mythisch angesehen werden, jedoch bezeugen sie eine Einwanderung von Arabern und/oder Persern vom Persischen Golf. Ähnliche Berichte ergeben sich für andere Plätze an der ostafrikanischen Küste.

In der 2. Hälfte des 14. Jahrhunderts begann der Abstieg Kilwas und das Aufkommen von Pate, einem anderen Handels-Stadtstaat an der ostafrikanischen Küste.[4]

Im 15. Jahrhundert hatte sich Mombasa zu einem der führenden Häfen an der ostafrikanischen Küste entwickelt. Es wurde erst im 19. Jahrhundert von Sansibar verdrängt. Es muß angenommen werden, daß es zu einer starken Afrikanisierung der persisch-arabischen Handelsplätze im kulturellen und biologischen Sinne kam. Die Dürftigkeit der lokalen Dokumente macht es jedoch schwierig, genaue Aussagen zu machen[5]. Während der vorkolonialen Zeit drangen nicht nur vom afrikanischen Hinterland neue Wanderströme zur Küste vor, sondern es vollzog sich auch ein dauerndes Einsickern von Arabern vornehmlich aus Hadramaut, aber auch aus Oman. Dazu kam seit dem 15. Jahrhundert eine - wenn auch unwesentliche - Einwanderung von Indern.

Die Migranten aus Persien und Arabien hatten im wesentlichen wirtschaftliche und kaum politische Interessen[6]. Sie gründeten Handelsplätze, von denen TRIMINGHAM berichtet, daß sie "... were parasitic

---

1) FREEMAN-GRENVILLE, Greville, Stewart, Parker, Swahili Committee S. 12 ff.

2) CHITTIK, Neville, The "Shirazi" Colonization of East Africa, Journal of African History, Vol. VI, 1965, S. 292.

3) Ebd., S. 276 ff.

4) Am Anfang des 13. Jahrhunderts kam NABHANI aus Oman nach Pate, heiratete eine Tochter des autochthonen Herrschers und übernahm die Macht. Die NABHANI-Dynastie regierte bis in das 19. Jahrhundert. Siehe dazu: STIGAND, Chauncy, Hugh, The Land of Zinj, London 1966, 1. Aufl., London 1913, S. 29-102; WERNER, A., A Swahili History of Pate, Journal of the African Society, Vol. XIV, 1915, S. 148-161, 278-296, 392-413.

5) FREEMAN-GRENVILLE, Greville, Stewart, Parker 1963, S. 162
6) Ders., 1962, S. 12.

in that they had no organic relation with the region in which they were precariously situated..."[1].

Mit dem Erscheinen der Portugiesen[2] 1498 in Mombasa begann zwar ein neuer, aber nicht entscheidender Abschnitt der ostafrikanischen Geschichte. Das Fehlen einer politischen Einheit hatte ihnen die Herrschaft über dieses Gebiet erleichtert[3]. Die Portugiesen kontrollierten nicht nur die ostafrikanische Küste sondern hatten 1511 Muskat[4], die bedeutendste Küstenstadt von Oman, und die Inseln Bahrein und Hormuz besetzt. Die Bedeutung[5] der Portugiesen liegt vor allem auf wirtschaftlichem Gebiet, da sie eine weitere Entwicklung der ostafrikanischen Handelsplätze unterbanden. Auf politischem Gebiet muß mit einer formellen Kontrolle gerechnet werden, die ohne Auswirkungen blieb. Mombasa war im 16. Jahrhundert der wichtigste Handelsplatz an der ostafrikanischen Küste und der Mittelpunkt des Widerstandes gegen die Portugiesen[6].

Das bedeutendste Ereignis in diesem Jahrhundert war für die ostafrikanische Küste nicht die Ankunft der Portugiesen, sondern ihre Vertreibung aus Oman und damit der wiederbeginnende Einfluß der Araber im Indischen Ozean und auch an der ostafrikanischen Küste.[7] Als die wesentlichen Vorgänge, die die Geschichte[8] der ostafrikanischen

---

1) TRIMINGHAM, John Spencer, 1964, S. 12.

2) FREEMAN-GRENVILLE, Greville, Stewart, Parker, 1962, S. 11.

3) Ders., 1963, S. 134.

4) PEARCE, Francis, Barrow. Zanzibar. The Island Metropolis of Eastern Africa, London 1920, S. 101.

5) PRINS, Adrian, Hendrik, Johan, S. 43.

6) TRIMINGHAM, John Spencer, 1964, S. 20 ff.

7) PRINS, Adrian, Hendrik, Johan, S. 43; FREEMAN-GRENVILLE, Greville, Stewart, Parker, 1963, S. 155.

8) FREEMAN-GRENVILLE, Greville, Stewart, Parker, 1963, S. 129.

Küste zwischen 1498 und 1840 beeinflußten, gelten die Übersiedlung des Herrschers von Oman von Südostarabien nach Sansibar und das Auftreten der Europäer, vor allem der Engländer, im Indischen Ozean. Das Auftreten der Engländer wird aber für die Vorgänge, die diese Untersuchung betreffen, erst im 19. Jahrhundert relevant. Das Territorium der ostafrikanischen Küste muß immer als ein Außenposten im historischen Geschehen[1] betrachtet werden. Die Vertreibung der Portugiesen im 17. Jahrhundert aus den oman-arabischen Besitzungen in Südostarabien war insofern entscheidend für Ostafrika, als die ostafrikanischen Handelsplätze in dem aufkommenden Oman eine Macht sahen, die im Stande war, sie von der - zwar nicht gravierenden - Kontrolle der Portugiesen zu befreien.

Schon 1653 griff Oman[2] auf Anforderung und gegen das Versprechen von Unterwerfung und Tributzahlung der Herrscher von Pemba und Sansibar in eine Rebellion gegen die Portugiesen ein. Dabei gelang es Oman nicht nur, die Portugiesen aus Sansibar zu vertreiben, sondern auch die einheimischen Herrscher an der Küste zur Auflehnung gegen die Portugiesen zu bringen. Anfang des 18. Jahrhunderts hatten sich die Portugiesen[3] aus ihren ostafrikanischen Besitzungen nördlich von Moçambique zurückgezogen, was zu einer erheblichen Stärkung des arabischen Elementes führte. Oman übernahm die Oberherrschaft in diesem Gebiet. Bürgerkriege in der ersten Hälfte des 18. Jahrhunderts in Oman[4] schwächten die oman-arabische Position an der ostafrikanischen Küste wieder und führten in Oman zu einem Dynastiewechsel von der YARUBI auf die BUSAIDI.[5] Diese spielten dann eine bedeutende Rolle[6] in der Geschichte von Ostafrika.

---

1) MIDDLETON, John and CAMPBELL, Jane, S. 3;
   PRINS, Adrian, Hendrik, Johan, S. 46.

2) STRANDES, Justus, Die Portugiesenzeit von Deutsch-und Englisch-Ostafrika, Berlin 1899, S. 229.

3) MIDDLETON, John and CAMPBELL, Jane, S. 3.

4) PEARCE, Francis, Barrow, S. 109.

5) PRINS, Adrian, Hendrik, Johan, S. 48.

6) HOLLINGSWORTH, Lawrence, William, A Short History of the East Coast of Africa, London 1929, S. 29 ff.

Mit dem Dynastiewechsel trat die Fragwürdigkeit der oman-arabischen Herrschaft an der ostafrikanischen Küste offen zutage. Nur ein Teil der oman-arabischen Herrschaftsbeauftragten hatte die neuen Herren Omans anerkannt. So machte sich z.B. der Herrschaftsbeauftragte in Mombasa aus dem oman-arabischen (!) Geschlecht der MAZRUI selbständig. Wollte Oman seine Herrschaft in Ostafrika festigen oder vielleicht sogar erweitern, so konnte das nur von den loyal zu Oman stehenden Plätzen, wie z.B. Sansibar, geschehen, das den Dynastiewechsel[1] im Gegensatz zu Pemba anerkannte, das immer enge Kontakte[2] zu den MAZRUIs im Mombasa hatte. Erst für die Zeit nach dem Tode von AHMAD (1744-1783), dem Gründer der BUSAIDI-Dynastie, kann angenommen werden, daß es zu einer direkten Kontrolle - durch indirekte Herrschaft - der OMAN-Besitzungen kam. 1806 folgte der Enkel von AHMAD, SAID, der die Herrschaft OMANs in Ostafrika außerordentlich festigte. Mombasa[3] fiel 1837 in die Hände der Oman-Araber. Die Vertreibung der MAZRUI brachte SAID endlich neben der schon bestehenden Macht in Sansibar und Pemba die Herrschaft über die gesamte ostafrikanische Küste vom Flusse Juba bis zum Kap Delgado. Er konnte jedoch nicht verhindern, daß bereits am Anfang des 19. Jahrhunderts die ostafrikanische Küste vom englischen Machtanspruch erreicht wurde und am Ende des 19. Jahrhunderts gänzlich unter englische Kontrolle kam.

Zusammenfassend kann man sagen, daß die seit 1700 mehr oder minder wirksam erneuerte arabische Herrschaft an der ostafrikanischen Küste sowohl bedeutende politische, als auch kulturelle Auswirkungen hatte[4].

Im Gegensatz zum Mittelalter, als die persischen und arabischen Wanderbewegungen Einzelner oder kleiner Gruppen zur Gründung von Handelsniederlassungen oder Stadtstaaten führten, kam es seit dem 18. Jhrt.

---

1) MIDDLETON, John and CAMPBELL, Jane, S. 4.

2) FREEMAN-GRENVILLE, Greville,E, Stewart, Parker, 1963, S. 157.

3) GUILLAIN, Charles,, L'Afrique Orientale, Vol. I, Paris 1855, S. 584-589; Vol. II, Paris 1857, S. 26 f.; COUPLAND, Reginald, Invaders, S. 217-294.

4) WEIGT, Ernst, Ostafrika. Treffpunkt der Rassen, Völker und Kulturen, Petermanns Geographische Mitteilungen, Bd. IIC, S. 289 f.: MIDDLETON, John and CAMPBELL, Jane, S. 5.

zu einer gezielten Ausweitung des arabischen Einflusses im Territorium der ostafrikanischen Küste, der von einer Zentralinstanz ausging. So wird hier der Unterschied zwischen den Unternehmungen Einzelner und der gezielten Ausbreitung einer Herrschaftszentrale deutlich.

Während der Regierungzeit von SAID kam es, wie auch SHERIFF bestätigt, zur stärksten Ausbreitung des arabischen Einflusses in der ostafrikanischen Geschichte. "By the middle of the nineteenth century Zanzibar had developed as a full-fledged entrepôt of a commercial empire which handled the foreign trade of an area that extended far beyond her actual sovereignty. The reasons for her ability to serve that function were largely economic, and for the same reasons, she was able to retain her economic role long after the hinterland had been politically partitioned among the colonial powers."[1]

Die Überlegungen SAIDs waren darauf gerichtet, die politische Oberherrschaft über die "arabischen Außenposten" an der ostafrikanischen Küste zu erreichen. Er verlegte 1840, nachdem er die Herrschaft verschiedener afrikanischer Küstenplätze gebrochen hatte, seinen Herrschaftssitz von Oman nach Sansibar.[2] Der langandauernde Prozeß der arabischen Machtergreifung an der ostafrikanischen Küste kam damit zu Ende[3].

FREEMAN-GRENVILLE[4] kommt zu der Auffassung, daß die Herrschaft der Oman-Araber über die ostafrikanische Küste bei den Suahelis und Afrikanern nie beliebt war. Zwar hatte man die Oman-Araber als Befreier vom portugiesischen Joch gerufen, aber sie waren als Eroberer gekommen. MIDDLETON und CAMPBELL weisen darauf hin, daß:"The method of SEYYID SAID's coming is relevant to the later relations between Arabs and the indigenous inhabitants of the islands, who have

---

1) SHERIFF, Abdul Muhamed Hussein, The Rise of a Commercial Empire: An Aspect of the Economic History of Zanzibar, 1770-1873, Ph.D. Diss., London 1971, S. 293.

2) Es soll ausdrücklich betont werden, daß es sich nur um eine Verlegung der Hauptstadt gehandelt hat, und daß der Herrschaftsbereich wie bisher Südost-Arabien und Ostafrika umfaßte.

3) GRAY, John, VII Zanzibar and the Coastal Belt. 1840 - 1884, in: OLIVER, Roland and MATHEW, Gervase (Eds.), History of East Africa, Vol. I, Oxford 1963, S. 212.

4) FREEMAN-GRENVILLE, Greville, Stewart, Parker, The French at Kilwa Island, Oxford 1965, S. 40.

always regarded the Arabs as usurpers who obtained their dominant economic and political position of little more than a trick."[1] SAIDs Herrschaft wurde nicht zuletzt deshalb so wirksam, weil sie eine wirtschaftliche Basis hatte. 1818 waren Gewürznelkenpflanzen aus Réunion nach Sansibar und Pemba eingeführt worden und deren gezielter Anbau wurde von Said mit allen Mitteln betrieben. Die Gewürznelkenkulturen auf Sansibar und Pemba waren so erfolgreich, daß die auf den Inseln ansässigen Arbeitskräfte für eine weitere Ausdehnung der Pflanzungen nicht ausreichten und der Menschenhandel einen ungeheuren Aufschwung erlebte. Der große Bedarf an Sklaven für die neuen landwirtschaftlichen Betriebe und die Nachfrage nach Elfenbein führten zu Raubzügen in das Innere Afrikas, vor allem in das Gebiet der großen Seen.[2]

"Zanzibar became the starting-point for the exploration of East Africa, and British, French, American, German and other outside interests were all firmly established and vying for favourable trading conditions."[3] Die Engländer, die Franzosen und die Nordamerikaner hatten seit der Mitte des 19. Jahrhunderts einen Konsul in Sansibar. "Thus 1840 is a climacteric in the history of the East African coastline, since it saw the setting up in Zanzibar of a court whose ruler had foreign diplomatic connections - the first in tropical Africa - with France, with Britain, and with the United States."[4] SAID hatte Sansibar[5] zum führenden Hafen von Ostafrika gemacht und den Einflußbereich Omans vom Persischen Golf bis in das Innere Ostafrikas ausgedehnt.

Die Oman-Araber kamen als Migranten nach Ostafrika und ließen sich vor allem auf den Inseln Sansibar und Pemba, aber auch auf dem Festland nieder und übten eine politische und wirtschaftliche Kontrolle aus. Ein Teil der Autochthonen (Suahelis) und der Sklaven (Festland-Afrikaner) wurden durch Interaktion mit den oman-arabischen Migranten akkulturiert, wobei einerseits zwischen den Inseln und der Küste und andererseits dem Inland unterschieden werden muß.

---

1) MIDDLETON, John and CAMPBELL, Jane, S. 4.

2) BENNETT, Norman Robert, The Arab Power of Tanganyika in the Nineteenth Century, Diss., Boston 1961; GRAY, John, Trading Expeditions from the Coast to the Lakes Tanganyika and Victoria before 1857, Tanganyika Notes and Records, 1957, Nr. IL, S. 226-248.

3) MIDDLETON, Johan and CAMPBELL, Jane, S. 5.

4) FREEMAN-GRENVILLE, Greville, Stewart Parker, 1963, S. 161.

5) HOLLINGSWORTH, Lawrence William, S. 95 f.

Inseln und Küste

Diese Gebiete wurden von den Suahelis bewohnt. Hier übten die Oman-Araber bis 1870 eine indirekte Herrschaft aus, wobei die politische Oberschicht akkulturiert wurde. Nach dem Aussterben der Herrschergeschlechter der HADIMU und TUMBATU begannen die Oman-Araber unter BARGHASH auf dem Territorium der Insel Sansibar zur direkten Herrschaft überzugehen, wobei es dann zur Akkulturation von Angehörigen weiterer Schichten kam. In dieser Situation wurden auch Sklaven akkulturiert, die vom afrikanischen Inland von den Oman-Arabern als Arbeiter auf die Pflanzungen und in die Familienhaushalte gebracht worden waren.

Inland

Dieses Gebiet wurde von Afrikanern bewohnt. Hier übten die Oman-Araber nur eine schwache Oberherrschaft aus, wobei man eine gewisse Akkulturation der Herrschaftsbeauftragten annehmen kann.

Wahrscheinlich ist es während des Mittelalters und der Neuzeit zu einer allerdings sehr schwachen Einwanderung von der Nordwestküste des indischen Subkontinents auf die Insel Sansibar gekommen. Diese Einwanderer wurden und werden in Ostafrika als Asiaten bezeichnet. Seit dem Beginn der Neuzeit beherrschten sie den Handel im Indischen Ozean und können als die mächtigsten Finanziers und Kaufleute in diesem Raum angesehen werden. Sie traten auch mit den auf der Insel Sansibar ansässigen Arabern in Handelsbeziehungen. Diese verloren im 19. Jahrhundert "... their economic self-sufficiency and became dependent upon the financial and business skills of the Asian trader-class. Eventually they became a leisured aristocracy which maintained itself solely through ownership of land and a monopoly of political power."[1]

Die Inseln Sansibar, Tumbatu und Pemba wurden von den ethnischen Gebilden der Hadimu, der Tumbatu und der Pemba bewohnt. Von diesen ethnischen Gebilden hatten die Hadimu die am meisten differenzierte politische Organisation. Trotzdem fehlten ausgebildete Instanzen, die politische Funktionen ausübten.

---

1) LOFCHIE, Michael F., Zanzibar: Background to Revolution. Princeton 1965   S. 27.

Die Beschreibungen über die politische Differenzierung sind ungenau wie z.B. klare Aussagen über die Funktionen eines Herrschers fehlen, was nicht immer die Schuld des Historikers ist. In diesem Fall muß vor allem auf das Fehlen von schriftlichen Überlieferungen hingewiesen werden. Andererseits sollte man aber doch in Ermangelung genauer Positionsbeschreibungen vermeiden, Begriffe wie "king" oder "district commissioner"[1] zu gebrauchen.

Die Herrschaftsspitze bei den Hadimu wurde von einem als "Mwinyi Mkuu" bezeichneten Oberhaupt eingenommen. Das von den Hadimu bewohnte Territorium war in Distrikte eingeteilt, an deren Spitze ein als "Masheba" bezeichneter Verwalter[2] stand. Zu jedem dieser Distrikte gehörte eine Anzahl von Dörfern, die als die kleinsten Verwaltungseinheiten bezeichnet werden müssen. Bis zur Verlegung der oman-arabischen Hauptstadt auf die Insel Sansibar im Jahre 1840 gab es keine Schwierigkeiten in den Beziehungen zwischen den Hadimu und den Arabern. 1828 kam es zu einem Abkommen zwischen SAID und dem Oberhaupt der Hadimu, wobei SAID forderte, daß ihm die Möglichkeit gegeben würde, den Außenhandel zu kontrollieren und Zölle zu erheben. Ein Abkommen wurde erreicht und der Mwinyi Mkuu, der Herrscher der Hadimu, finanziell entschädigt.[3] Ferner mußte jeder Hadimu Steuern zahlen und gewisse Arbeitsleistungen in der Landwirtschaft für die Araber einbringen.[4]

Die Oman-Araber ließen die Herrschaftsstrukturen der Schirazis intakt und regierten in einer Art indirekten Herrschaft. Nach dem Abkommen verblieb der Landbesitz den Schirazis, d.h. das Land war grundsätzlich Gemeinbesitz und wurde dem Einzelnen nur zur Benützung übergeben.

Die Besitzverhältnisse[5] auf den Inseln Sansibar und Pemba begannen sich zu verändern, als sich SAID 1840 entschied, die Stadt Sansibar zur

---

1) PRINS, Adrian Hendrik Johan, S. 99; LOFCHIE, F., Background, S. 39.

2) LOFCHIE, Michael F., Background, S. 39 ff.

3) Ebd., S. 41.

4) GRAY, John, 1963, S. 214.

5) Ders., History of Zanzibar from the Middle Ages to 1856, London 1962, S. 167 f.; MIDDLETON, John and CAMPBELL, Jane, S. 27 f.

Hauptstadt seines Herrschaftsgebietes zu machen. Ihm folgte eine große Anzahl Araber aus Oman, die daran interessiert waren, fruchtbares Land zu erwerben, um vor allem Nelkenbäume zu pflanzen. Die Araber entwickelten so vor allem die Landwirtschaft durch den Anbau von Nelken, wobei es zum Entstehen einer landbesitzenden arabischen Schicht kam, was sich folgenschwer für die weitere Entwicklung der ethnischen Beziehungen zwischen den Arabern und den Hadimu auswirkte. Die Landnahme zur Anlage von Pflanzungen erfolgte vor allem im Siedlungsgebiet der Hadimu[1]. Ohne das Entstehen einer landbesitzenden arabischen Schicht wären die Araber eine städtische Elite aus Beamten und Kaufleuten geblieben, die nur wenig in Kontakt mit den Hadimu gekommen wären. Da das Abkommen zwischen SAID und dem Oberhaupt der Hadimu vorsah, daß die Hadimu vor allem während der Ernte auf den arabischen Pflanzungen arbeiten mußten, kam es zu Kontakten zwischen Arabern und Hadimus und zu der Auffassung bei Letzteren, daß sie von Fremden, d.h. von einer fremden Regierung beherrscht würden.[2]

Die Meinungen, in welcher Art und Weise sich die Araber das Land von den Hadimu aneigneten, gehen auseinander. Während MIDDLETON[3] zu der Auffassung kommt, daß es auf friedliche Weise, d.h. durch Rodung geschehen ist, ist GRAY[4] der Ansicht, daß eine Enteignung stattgefunden hat. Fest steht jedenfalls, daß die Araber im Besitz des fruchtbaren Landes der Westküste waren, während die Hadimu den Ostteil der Insel bewohnten und durch Fischen und Arbeit auf den Pflanzungen ihr Leben fristeten. Für die weiteren Beziehungen ist jedenfalls entscheidend, daß Araber und Hadimu getrennte Gebiete bewohnten.

Während in Sansibar die Araber ihre Pflanzungen mit Hilfe von Hadimus, die auf Grund des Abkommens zwischen SAID und dem Mwinyi Mkuu Zwangsarbeit leisteten, oder mit Sklaven bestellten, hatten die Araber in Pemba neben Sklaven auch Schirazis als Arbeiter, die sie dadurch entlohnten, daß sie ihnen Anteile an ihren Pflanzungen abtraten. Die Folge war einerseits, daß die Pflanzungen auf Pemba wesentlich kleiner

---

1) LOFCHIE, Michael F., Background, S. 40. "The Hadimu occupied exactly that portion of Zanzibar Island in the path of the Arab intrusion. In the ensuing process of interethnic contact, the Africans were illequipped to prevent the Arabs from asserting a proprietary relationship over their polity and over their lands." Ebd., S. 41.

2) Ebd., S. 44.

3) MIDDLETON, John, Land Tenure in Zanzibar, Colonial Office, Colonial Research Studies 33, London 1961, S. 10 ff.

4) GRAY, John, 1962, S. 167 f.

als auf Sansibar waren und andererseits, daß die Pflanzungen der Araber und Schirazis nebeneinander lagen. So kam es eher zu einer interethnischen Solidarität, als zu Spannungen. Außerdem ist die landwirtschaftlich nutzbare Fläche in Pemba wesentlich größer als in Sansibar[1]. Vor allem versuchten Araber, Schirazi-Frauen zu heiraten, damit ihre Kinder Landrechte in Schirazi-Ansiedlungen erhielten.[2] Es gab in Pemba mehr Sklaven als in Sansibar und zwar anteilsmäßig bezogen auf die Gesamtbevölkerung, da nicht nur Araber, sondern auch Schirazis Sklaven auf ihren Pflanzungen hatten.

Der gezielte Anbau von Gewürznelkenkulturen auf Sansibar und Pemba, der teilweise mit Sklaven vom Festland betrieben wurde, führte zu einer ungeheuren Zunahme des Menschenhandels, da nicht nur der Bedarf an Arbeitskräften für die Pflanzungen gedeckt werden mußte, sondern auch SAID[3] daran interessiert war, den Handel mit Sklaven aus Innerafrika weiter anzuheben. LOFCHIE zieht daraus folgende Schlußfolgerungen: "In the final analysis, however, an increase in the slave trade more than any other single factor elevated Zanzibar to the position of major economic center of the Indian Ocean."[4]

SAID erhob neben dem 5 %igen Zoll "... noch sogenannte 'Monopolzölle' und 'Eingeborenentaxen' in wechselnder Höhe ... auf Elfenbein, Kopal, Nelken und vieles andere, nicht zu vergessen auf Sklaven, die ebenfalls vom Zollpächter eingezogen wurden, aber getrennt abgerechnet und dem Sultan in voller Höhe abgeliefert werden mußten."[5]

Mit dem Anwachsen[6] des Handels, der sich immer mehr auf das Hinterland ausdehnte, siedelten sich mehr Araber, Asiaten und Suahelis auf dem Festland an. Über die Küstenstädte, die auf dem Festland lagen,

---

1) LOFCHIE, Michael F., Background, S. 48.

2) MIDDLETON, John and CAMPBELL, Jane, S. 35 f.

3) COUPLAND, Reginald, Invaders, S. 331.

4) LOFCHIE, Michael F., Background, S. 49; siehe dazu auch MIDDLETON, John and CAMPBELL, Jane, S. 4 f.

5) BIRKEN, Andreas, Das Sultanat Zanzibar im 19. Jahrhundert, Diss. Tübingen 1971, S. 58;
GUILLAIN, Charles, Vol. II, S. 251 (details for 1847), zitiert bei GRAY, John, 1963, S. 224.

6) Ebd., S. 222 ff.

wurde der Handel mit dem Inland abgewickelt. Dieser Handel weitete sich sehr stark aus, da sowohl Arabien als auch die Pflanzungsbesitzer auf den Inseln und an der Küste einen wachsenden Bedarf an Sklaven hatten.

Schon lange vor diesem Zeitpunkt lag die Finanzierung von Handelsunternehmungen in asiatischen Händen.[1] Außerdem waren die Asiaten für die arabischen Pflanzer zu Kreditgebern geworden und brachten so die Araber in ihre Schuld, was bei den Arabern den Haß vermehrte. SAID übte allerdings gegenüber den Asiaten religiöse Toleranz und holte ihren Rat in politischen und wirtschaftlichen Dingen.[2]

Man kann sagen, daß die Araber nur aus wirtschaftlichen und nicht aus politischen Gründen das afrikanische Inland betraten. SAID übte lediglich ein Minimum an politischer Kontrolle[3] aus, eben soweit, als es notwendig war, um die Wirtschaft zu schützen. Er hatte seine großen Erfolge auf wirtschaftlichen und nicht auf politischen Gebiet[4], was PRINS im Folgenden sehr deutlich ausdrückt: "What the BUSAIDI possessed was in fact nothing but a number of rights, non-territorial in character, bur specific. Here, too, as often in Islam, both the idea of the territorial state and the concept of nationality was lacking. The rights lay mostly in the mercantile sphere: the levying of duties, the right of trade monopolies, of concessionaire and a limited jurisdiction."[5] COUPLAND kommt jedoch zu der Auffassung, daß für SAID die politische Macht entscheidend und der wirtschaftliche Reichtum nur das Mittel war, um dieses Ziel zu erreichen.[6] Dieser Meinung von COUPLAND

---

1) COUPLAND, Reginald, The Exploitation of East Africa 1856-1890, 2. Ed., London 1968, S. 5.

2) GRAY, John, 1963, S. 218.

3) "SAYYID SAID's ambition was not to create a territorial, but an economic empire in East Africa. His position was that of a great middleman, controlling the intercourse between East Africa and Europe, Arabia, India and America. 'I am nothing but a merchant', he once confessed to a French visitor."
GRAY, John, 1963, S. 223/224; dazu GOBINEAU, Arthur de, Trois ans en Asie, 1905, 1. Auf., 1859, S. 99, zitiert bei COUPLAND, Reginald, Invaders, S. 299.

4) COUPLAND, Reginald, Exploitation, S. 4.

5) PRINS, Adrian Hendrik Johan, S. 48.

6) COUPLAND, Reginald, Invaders, S. 299.

muß wohl zugestimmt werden. Sansibar war unter SAID zu einem mächtigen Staat entwickelt worden, zu dessen Bereich der größte Teil von Ostafrika gehörte. Wenn es auch fragwürdig ist, wieweit die militärische Macht SAIDs über den Küstenbereich in das Inland reichte, so bleibt doch die Tatsache bestehen, daß Sansibar für mehr als eine Generation die Macht hatte, über Hunderttausende von Quadratmeilen Ostafrikas zu herrschen.[1]

Zur Zeit SAIDs zeigten sich Ansätze zur Errichtung einer Verwaltung und eines Rechtswesens,[2] doch waren beide mit erheblichen Mängeln belastet. Es kam nicht zur Bildung einer ausgebauten staatlichen Organisation, d.h. zur Schaffung von formalen Verwaltungsstrukturen.[3]

Der erbliche Posten des HADIMU-Oberhauptes, der Mwinyi Mkuu wurde 1873 aufgegeben, da kein männlicher Erbe da war[4]. TRIMINGHAM kommt jedoch zu der Auffassung,[5] daß die Herrschaft des HADIMU-Oberhauptes bereits mit dem Tode von HAMADI 1865 endete und sein noch unmündiger Sohn von den Oman-Arabern nicht anerkannt wurde. Die Oman-Araber verwandelten zu diesem Zeitpunkt nicht nur auf der Insel Sansibar, sondern auch auf Pemba und Tumbatu ihre indirekte Herrschaft in eine direkte. Zu diesem Zweck wurden die Territorien der Inseln in Verwaltungseinheiten, die sogenannten "mundirias", eingeteilt, die wiederum in "shebias" oder (village)headmanships unterteilt waren; den ersteren stand ein "mudir", den letzteren ein "masheba" vor. Beide wurden nicht gewählt sondern ernannt. Es muß unterschieden werden zwischen der Position des "masheba" unter den HADIMU und unter den Arabern. Der "masheba" unter den Ersteren war von den Herrschaftsunterworfenen gewählt worden und wurde somit ihr Reprä-

---

[1] LOFCHIE, Michael F., Background, S. 51.

[2] "He promulgated laws by royal decree, asked members of his family or private staff to see that they were carried out, and sat as sole and final judge on any important cases that might arise under them." Ebd., S. 36; siehe dazu auch GRAY, John, 1962, S. 147 ff.

[3] LOFCHIE, Michael F., Background, S. 36.

[4] GRAY, John, 1962, S. 173.

[5] TRIMINGHAM, John Spencer, 1964, S. 23.

sentant. Unter den Arabern erhielt der "masheba" sein Mandat von den Herrschenden und war somit Repräsentant der Regierung.

SAID hatte die Stärke[1] seiner wirtschaftlichen Position in Ostafrika mit der Schwächung der politischen Herrschaft in Oman bezahlen müssen. Dort kam es immer wieder zu Unruhen, was ihn veranlaßte, für die Zeit nach seinem Tode die Teilung seines Herrschaftsbereichs vorzuschlagen.

SAIDs Wunsche entsprechend wurde 1856 nach seinem Tode das Herrschaftsgebiet aufgeteilt, um Sansibar von dem unruhigen Oman zu lösen.[2] Nachfolger wurden in beiden Teilen seine Söhne. Sansibar übernahm sein Sohn MAJID. Er war proenglisch eingestellt, was eine Weiterführung des unter SAID begonnenen Kurses der Politik bedeutete. MAJID[3] hatte jedoch weder die politischen noch wirtschaftlichen Fähigkeiten seines Vaters. Er fühlte sich auf der Insel Sansibar[4] nicht sicher und entschloß sich deshalb 1866 zur Gründung einer Stadt und eines Herrschaftssitzes auf dem Festland und an der Küste. Er wählte Dar es Salaam (Hafen des Friedens), dessen Hafen auch von größeren Schiffen angelaufen werden konnte.

Auf MAJID folgte 1870 BARGHASH, der bis 1888 regierte und unter dessen Herrschaft es zur Aufteilung Ostafrikas kam. Er verlor Dar es Salaam, konnte aber Sansibar behalten.

Die englische Regierung zwang 1872 BARGHASH durch ein Abkommen, den Handel mit Sklaven in seinem Herrschaftsbereich zu beenden. Jedoch wurde dieser mit kleinen Schiffen[5] fortgesetzt, sodaß die Vereinbarung unwirksam blieb. Erst durch den Brüsseler Vertrag (1890) kam es zur Beendigung des Sklavenhandels in Sansibar.[6]

---

1) COUPLAND, Reginald, Exploitation, S. 6 f.

2) Ebd., S. 15.

3) Ebd., S. 14.

4) Ebd., S. 36 f.

5) GRAY, John, 1963, S. 216; COUPLAND, Reginald, Invaders, S. 168.

6) "The Brussels Act was signed in 1890 and came into force two years later. It provided for the suppression of the slave trade and of the importation of alcohol and fire-arms to Zanzibar and set up an International Bureau at Zanzibar to regulate the suppression of this trade." MIDDLETON, John and CAMPBELL, Jane, S. 7., Fußnote 1.

Mit der Unterzeichnung dieses Vertrages von 1872 begab sich BARGHASH in die Abhängigkeit von England und der englische Generalkonsul wurde der geheime Premierminister von Sansibar[1]. Der Vertrag[2] und die sich daraus ergebenden Maßnahmen waren bei den Arabern[3] sehr unpopulär und wurden nur hingenommen, weil man wußte, daß BARGHASH zu einem Instrument der englischen Politik geworden war. Die englische Regierung hatte mit allen Mitteln seine Autorität unterstützt, da sonst die Gefahr eines Sturzes bestand. Die internationale Diplomatie behandelte BARGHASH als souveränen Herrscher und gab ihm den Titel Sultan. Die Besitzungen des Sultans[4] waren international, d.h. von den Großmächten - wie Deutschland, England, Frankreich und den USA - anerkannt.

In einem Vertrag begrenzten darum Deutschland und England[5] 1886 das Herrschaftsgebiet Sansibars auf dem ostafrikanischen Festland auf einen 10 Meilen tiefen und 600 Meilen langen Küstenstreifen von dem Flusse Tana im Norden bis zum Flusse Rovuma im Süden. Die Inseln Sansibar, Pemba, Mafia und Lamu blieben in arabischem Besitz. Hinter dem Küstenstreifen grenzten Deutschland und England ihre Herrschaftsbereiche ab. Später wurde auch der Küstenstreifen zwischen Deutschland und England aufgeteilt. Nach dem Tode von BARGHASH 1888 übernahm sein Bruder KHALIFA bin SAID die Regierung. Er starb 1890; ihm folgte SAIDs letzter Sohn, ALI bin SAID, der bis 1893 regierte. 1890 wurde der oman-arabische Herrschaftsbereich Sansibar englisches Protektorat[6], wobei die auswärtige Vertretung von England übernommen wurde. 1891 errichteten die Engländer eine konstitutionelle Regierung mit MATHEWS als Premierminister. Der Sultan KHALIFA bin HARUB (1911-1960) war bemüht, Sansibar zu einem modernen Staat unter britischer Kontrolle zu machen. Er versuchte auch, ausgleichend auf die verschiedenen ethnischen Gemeinschaften zu wirken. Sein Enkel JAMSHID wurde im Januar 1964 abgesetzt und floh. Am 10. Dezember 1963 erhielt Sansibar die Unabhängigkeit.[7] Der Sultan wurde konstitutioneller Monarch.

---

1) COUPLAND, Reginald, Exploitation, S. 86.

2) Ebd., S. 237 f.

3) Siehe dazu: BENNETT, Norman Robert, S. 1-71.

4) COUPLAND, Reginald, Exploitation, S. 255.

5) MIDDLETON, John and CAMPBELL, Jane, S. 6.

6) Ebd., S. 7 f.

7) Ebd., S. 67 ff.

MIDDLETON und CAMPBELL kommen zu folgender Auffassung: "We know little of what actually happened in the month immediately after independence, but it would seem that the opposition groups, mainly the ASP on the moderate side and BABU's Umma Party on the more extreme, felt that the situation was worsening."[1]

Am 12. Januar 1964 kam es zu einer Revolution[2]. Das Haupt der Unruhen war John OKELLO, der aus Uganda stammte und zeitweise der Polizei auf Pemba angehörte[3]. Unter den Arabern wurde ein Blutbad angerichtet; der Sultan floh. Die Regierung wurde gestürzt und eine neue Koalitionsregierung durch die ASP und die Umma Party gebildet. Der neue Präsident war KARUME.

Am 16. Januar 1964 wurde ein Revolutionsrat gebildet, in dem es 3 Gruppen gab:

1. Die gemäßigten Minister der ASP unter Führung von KARUME; dazu gehörten außerdem die meisten Beamten.

2. Die Umma Party mit BABU und die Afro-Shirazi Youth League.

3. Eine Gruppe, die von OKELLO geführt wurde.

KARUME erbat Polizeiunterstützung von Tanganjika; OKELLO verließ Sansibar und erhielt Einreiseverbot. Am 24. April wurde die Union mit Tanganjika vollzogen. Der Präsident des neuen Staates Tansania wurde Nyerere, der bisher Präsident von Tanganjika war. KARUME wurde Vizepräsident. MIDDLETON und CAMPBELL vertreten dazu folgende Auffassung: "A new order has come to Zanzibar, where perhaps for the first time in its history the various ethnic elements of its society will no longer determine its political development, but rather the political state will control, and even negate the importance of the multiracial society."[4]

Am 7. April 1972 wurde KARUME[5] ermordet und Aboud JUMBE[6] zum

---

1) MIDDLETON, John and CAMPBELL, Jane, S. 67.
2) LOFCHIE, Michael F., Background - S. 257 ff.
3) MIDDLETON, John and CAMPBELL, Jane, S. 67 f.
4) Ebd., S. 69.
5) New York Times, April 9, 1972.
6) Ebd., April 13, 1972.

Nachfolger gewählt. 1977 schlossen sich die TANU (Tanganyika African National Union) und die ASP (Afro-Shirazi Party)[1] zu einer Partei der Chama Cha Mapinduzi (Tanzania Revolutionary Party) zusammen. Im gleichen Jahr wurde eine neue Verfassung für Tansania[2] verkündigt, die die Interim-Verfassung von 1965 ablöste.

II. Der ethnische Faktor

Die persischen und arabischen Kauffahrer[3] und Migranten erreichten Ostafrika zumeist ohne Frauen. Durch das Konnubium kam es an der ostafrikanischen Küste zum Entstehen einer Mischbevölkerung, wodurch die biologische und kulturelle Entfernung aufgehoben wurde. Im Laufe der Zeit wurde jedoch die Mischbevölkerung fast vollständig afrikanisiert und zwar im biologischen Sinne, da die Einwanderungen aus Arabien und Persien[4] dem Umfang nach gering waren. MATHEW kommt zu der Auffassung, daß während der mittelalterlichen Periode die Autochthonen an der ostafrikanischen Küste im wesentlichen von den Migranten absorbiert und kaum vertrieben wurden.

Die Migranten und Autochthonen, die durch das Konnubium zur Bildung dieser Mischbevölkerung beitrugen, hatten sich aus ihren ethnischen Bindungen[5] gelöst und wurden die Träger einer afro-asiatischen Mischkultur, die zwar ihre Ursprünge auf verschiedene Kulturen zurückführte, aber nicht kosmopolitisch war.[6] Es kam zum Entstehen eines neuen ethnischen Gebildes durch gewollte Abspaltung - Filiation - eines Teiles der Mitglieder aus bestehenden ethnischen Gebilden einerseits und an-

---

1) LEGUM, Colin, Africa Contemporary Record, Vol. IX, 1976/77, 1977 - LEGUM Colin, ACR - S. B 340 ff.

2) Africa Research Bulletin, Political, Social and Cultural, June 1-30, 1977, S. 4389.

3) SCHNEIDER, Karl-Günther, S. 6.

4) MATHEW, Gervase, IV The East African Coast until the Coming of the Portuguese, in: OLIVER, Roland and MATHEW, Gervase (Eds.), History of East Africa, Vol. I, Oxford 1963, S. 114.

5) HIRSCHBERG, Walter, Die arabisch-persisch-indische Kultur an der Ostküste Afrikas, Mitteilungen der Anthropologischen Gesellschaft, Bd. LXI, 1930/31, S. 269 ff.

6) FREEMAN-GRENVILLE, Greville Stewart Parker, 1963, S. 168.

dererseits zur Akkumulation, also zur Angliederung weiterer Mitglieder. Die Mischbevölkerung und deren Kultur bzw. Sprache erhielt die Bezeichnung "suaheli". Die ethnischen Gemeinschaften des afrikanischen Inlandes blieben unberührt, da die Kontakte sich nur auf den Handel beschränkten.

1. Die Afrikaner

Unter "Afrikaner" werden die autochthonen Bewohner Ostafrikas vor ihrer Berührung mit den persisch-islamischen und arabisch-islamischen Migranten und deren Kultur verstanden. Es muß deshalb zwischen den autochthonen Afrikanern und den autochthonen Suahelis unterschieden werden.

2. Die Araber

Nach der Selbsteinschätzung müssen jene als Araber bezeichnet werden, die ihre Abkunft auf einen männlichen arabischen Vorfahren in direkter Linie zurückführen können.[1] Empirisch können dabei als Folge des historischen Entwicklungen folgende Unterscheidungen[2] getroffen werden:

- Nachkommen jener frühen Migranten aus Arabien, die vor Ankunft der Portugiesen nach Ostafrika eingewandert waren. Sie gehörten kaum den landbesitzenden Oberschichten an, sondern bildeten im allgemeinen die unteren Mittelschichten im städtischen und ländlichen Bereich.

- Nachkommen jener Migranten aus Oman, die vor allem zwischen 1700 und 1850 eingewandert waren. Sie führten grundsätzlich ihre Abstammung auf Migranten aus Oman zurück und kannten den Namen ihres ersten eingewanderten Vorfahren.[3] Einerseits bildeten sie die landbesitzenden Pflanzerschichten die Beziehungen zur regierenden BUSAIDI-Dynastie unterhielten und den Sultan als "primus inter pares" betrachteten. Sie entwickelten Verhaltensweisen mit einer gewissen Abschließung gegenüber anderen Schichten. Einige Land-

---

1) TRIMINGHAM, John Spencer, 1964, S. 34.
2) PRINS, Adrian Hendrik Johan, S. 12 f.; TRIMINGHAM, John Spencer, 1964, S. 34 f.
3) GRAY, John, 1963, S. 218.

besitzer verlegten ihren Wohnsitz in den Ort Sansibar und suchten engste Kontakte zum Verkehrskreis des Sultans. Sie versuchten, politisch aktiv zu werden und den Pflanzerschichten einen gewissen Einfluß zu sichern. Andererseits gehören in diese Gruppe auch die oberen Mittelschichten in den Städten.

- Kleinhändler und zeitweilig ansässige Migranten aus Hadramaut, die auch Shihiri genannt wurden.

- Suahelis, die keinen arabischen Ursprung nachweisen konnten, sich aber in ihrer Selbsteinschätzung in jedem Falle als Abkömmlinge von Arabern betrachteten.

Bei den Arabern muß zwischen Hadramaut- und Oman-Arabern[1] unterschieden werden, da beide in verschiedener Art und Weise Ostafrika beeinflußt haben.

a. Die Hadramaut-Araber

Die Hadramaut-Araber machten einen Teil der Oberschicht aus, aber es muß auch mit einem erheblichen Prozentsatz[2] bei Kaufleuten, Händlern und Seeleuten gerechnet werden. Zwischenheiraten mit Suahelis waren bei ihnen häufiger, da beide der Sunnirichtung des Islams angehörten, während die Oman-Araber meistens Ibadhis waren. Auf die Tatsache, daß im oman-arabischen ostafrikanischen Herrschaftsbereich die Mehrheit der Bewohner Sunnis waren, mußten die BUSAIDIs immer Rücksicht nehmen. Aus diesem Grunde hatten sie 2 Hauptkadhis (islamische Richter).

b. Die Oman-Araber

Die Oman-Araber wanderten vorwiegend im 18. und 19. Jahrhundert aus Südostarabien nach Ostafrika, besonders nach Sansibar und Pemba ein. Es darf nicht übersehen werden, daß mit ihnen[3] noch einmal persischer Einfluß nach Ostafrika kam, da die Oman-Araber mit gewissen persischen Elementen biologischer wie kultureller Art untermischt waren. Die Oman-Araber führten eine Änderung der politischen und wirtschaftlichen Strukturen durch. Um 1776 soll es höchstens 300 Oman-

---

1) HARRIES, Lyndon, 1963, S. 227

2) Ebd,

3) Ebd.

Araber in Sansibar gegeben haben, die von den übrigen Arabern und den afro-arabischen Mischlingen gehaßt wurden.[1] In der zweiten Hälfte des 19. Jahrhunderts betrug die Bevölkerung[2] auf der Insel Sansibar 300.000, davon waren 4.000 Araber, Abkömmlinge jener Migranten, die vor allem zur Zeit SAIDs eingewandert waren. Sie bildeten die landbesitzende Führungsschicht, die sich in erheblichem Maße mit afrikanischen Autochthonen gemischt hatte. Die Nachkommen aus diesen Verbindungen müssen nach der Selbst- und Fremdeinschätzung als Araber betrachtet werden.

3. Die Suaheli - Eine Mischbevölkerung und deren Kultur

Die Suaheli[3] sollen als Autochthone in die kolonialen Situationen eingeführt werden, da ihre Selbst- und Fremdeinschätzung als eigenständig betrachtet werden muß und ihre Bildung als Mischbevölkerung bereits in der vorkolonialen Situation erfolgte. Es sollen jene als Suaheli bezeichnet werden, die aus ihren arabischen, persischen und afrikanischen ethnischen Gebilden desintegriert sind und durch Akkulturation oder Transkulturation im Zuge einer Adoption Aufnahme in das ethnische Gebilde der Suahelis gefunden haben oder deren Nachkommen entkulturiert wurden. Dabei wird festgestellt, daß dieses ethnische Gebilde durch Abspaltung - Filiation - entstanden ist. Es waren meistens Einzelne, seltener Gruppen - hier im Sinne der "face-to-face-group", die Aufnahme gefunden haben.[4] Bei den Suaheli handelt es sich also um Mitglieder eines ethnischen Gebildes an der ostafrikanischen Küste, die ein Wert- und Normensystem persisch-islamischer, süd-arabisch islamischer und afrikanischer Prägung haben. Sie sprechen Suaheli und eine afrikanische Sprache. Nicht aber sollen jene als

---

1) GRAY, John, 1963, S. 82.

2) COUPLAND, Reginald, Exploitation, S. 42.

3) "The word Swahili is commonly understood to be derived from the Arabic Sawahil, plural of Sahel, itself meaning 'coast'. Swahili is thus synonymous with people of the coasts (in Arabic), as the suffix-i makes the term refer to a population dwelling on certain coasts."; PRINS, Adrian Hendrik Johan, S. 12;
"The term sawahila was originally used by Arabs simply to designate 'coast-dwellers', the people of the settlements, but in time the term came to denote detribalized Muslims who speak ki-Swahili... We shall employ Swahili as a cultural term for those embedded in the civilization of the coast." TRIMINGHAM, John Spencer, 1964, S. 31.

4) COOLEY, Charles Horton, Social Organization, New York 1909, S. 23 f.

Suaheli bezeichnet werden, die Suaheli sprechen, aber einem bestimmten arabischen oder afrikanischen ethnischen Gebilde angehören. Damit soll ausgedrückt werden, daß ein Suaheli und ein Suaheli-Sprechender keine deckungsgleichen Begriffe sind.

In Ostafrika[1] muß im Mittelalter und in der Neuzeit mit Ausnahme der neuesten Zeit mit einer scharfen Trennung zwischen der Küste und dem Inland gerechnet werden. Die Inland-Herrscher wußten wenig von ihren Nachbarn und die Küstenbewohner waren mehr mit den Häfen von Arabien, dem Persischen Golf und Indiens verbunden. Vor Ankunft der Oman-Araber gab es keine politische Einheit an der ostafrikanischen Küste.

Trotz dem Fehlen einer politischen Macht kam es zur Bildung der Suaheli-Kultur[2]. Diese zeigte eine nahe Verwandschaft zu der Kultur der Süd-Araber, was eine der Ursachen war, die zum Eingreifen Omans in Ostafrika führte. Die Suaheli-Kultur erstreckte sich im ostafrikanischen Küstenbereich von dem Flusse Juba bis zum Kap Delgado und den vor dieser Küste liegenden Inseln. Als Entstehungsgebiet[3] muß das Küstengebiet des südlichen Somalia und des nördlichen Kenia angesehen werden. [4]

III. Das ethnische Gebilde der Suaheli

1. Der Bildungsprozess

Durch das Konnubium der persischen und arabischen Migranten mit den afrikanischen Autochthonen wurde die biologische Entfernung für eine gewisse Zeit aufgehoben. Jedoch versiegte die Einwanderung fast vollständig, so daß diese Mischbevölkerung weitgehend afrikanisiert wurde.

---

1) FREEMAN-GRENVILLE, Greville, Stewart Parker, 1962, S. 9 f.

2) Ebd., S. 10.

3) TRIMINGHAM, John Spencer, 1964, S. 73.

4) "There is a consensus of opinion among most important authorities that this part of the coast ...", gemeint ist hier das Küstengebiet nordöstlich des Flusses Tana, wie auch das südlich davon bis Malindi"... i.e. the Lamu archipelago and the mainland just to the north and south of it, is the original homeland of the Swahili cultural entity, and that here also the language came into being."
PRINS, Adrian Hendrik Johan, S. 12;
WERNER, A., Zanzibar and the Swahili People, in: Encyclopaedia of Religion and Ethics, 2. Auf., Bd. XII, 1934, S. 845 f.

Im Gegensatz dazu kam es zu einer Mischkultur, die starke arabisch-persisch-islamische Ausprägungen zeigte, aber auch afrikanische Züge trug. So kam es zu einem im biologischen Sinne fast vollständig afrikanisierten ethnischen Gebilde mit einer afro-asiatischen Mischkultur.

Es wird folgende Hypothese aufgestellt:

3 islamische Subkulturen, die südwest-arabisch-islamische in der hadramautischen Prägung, die südost-arabisch-islamische in der omanischen Prägung und die persisch-islamische hatten durch einen Interaktionsprozeß mit einer afrikanischen Kultur zur Bildung der Suaheli-Kultur geführt, wobei für die afrikanische Kultur die Spezifizierung Bantu-Kultur als nicht zutreffend vermieden wird. Schiraz und Oman trugen zur politischen Führungsstruktur bei. Hadramaut brachte den Islam und Afrika zwang die Migranten, eine Bantu-Sprache anzunehmen, die allerdings mit arabischen und persischen Worten vermischt war.

1. Die Afrikaner

Von TRIMINGHAM[1] wird im Zusammenhang mit der Bildung der Suaheli-Kultur immer von einer Bantu-Kultur gesprochen, was den afrikanischen Faktor betrifft, anstatt von einer afrikanischen Kultur. Der Begriff Bantu muß hier abgelehnt werden, da es sich um einen Sprachbegriff handelt und die Sprache immer nur einen Teilaspekt einer Kultur darstellt.[2] Es sind im Laufe von über 1000 Jahren verschiedene afrikanische Kulturelemente in die Suaheli-Kultur eingegangen. Diese Vorgänge lassen sich jedoch u.a. aus Mangel an schriftlichen Quellen nur schwer nachvollziehen. Deshalb wird im weiteren für die autochthone afrikanische Kultur der Begriff afrikanisch und nicht bantu gebraucht.

2. Die Perser

Nach Ansicht von TRIMINGHAM[3] sind die persisch-islamischen Migranten in Ostafrika zuerst in das Gebiet der Banadirküste eingewandert. Ihre

---

1) TRIMINGHAM, John Spencer, 1964; TRIMINGHAM, John Spencer, The Influence of Islam upon Africa, London and Harlow 1968.

2) Das Suaheli gehört zu den Bantu-Sprachen.

3) TRIMINGHAM, John Spencer, 1964, S. 10 f.

Nachkommen bezeichneten sich als Schirazi, da angeblich ihre Vorfahren aus Schiraz in Persien gekommen sind, wohl eher aber aus der persischen Provinz Fars und dem Persischen Golf. Da sie ohne Frauen erschienen sind, gingen sie ein Konnubium mit den afrikanischen Autochthonen ein. Bei ihren Nachkommen, den Schirazi, handelt es sich also um afrikanisierte Perser, vor allem im biologischen, weniger im kulturellen Sinne. Die Einwanderung nach Plätzen im Süden wie Kilwa soll sich nicht direkt vom Persischen Golf und von Persien vollzogen haben, sondern von der Banadirküste[1], die erst dann einsetzte, als aich der arabische Einfluß in Mogadishu, Pate und Lamu, dem Nordteil der Schirazi-Kultur verstärkte. Zu diesem Zeitpunkt setzte von dort eine Wanderung nach dem Süden zu den Inseln von Kilwa, Sansibar, Pemba und Mafia ein. Diese Plätze blieben ebenso wie Malindi und Mombasa schirazisch, während man Pate, Lamu und Mogadishu als im wesentlichen arabisch betrachten kann. Zusammenfassend muß gesagt werden, daß die persischen Migranten entscheidend an der Bildung der politischen Führungsschicht der Suaheli beteiligt waren.

3. Die Araber

a. Die Hadramaut-Araber

Die Einwanderung der Hadramaut-Araber nach Ostafrika setzte bereits einige Jahrhunderte vor Christi Geburt ein und hat bis in die neueste Zeit angedauert. Seit Beginn des 20. Jahrhunderts integrieren sie kaum noch in das ethnische Gebilde der Suaheli. Auch sie erschienen in Ostafrika zumeist ohne Frauen und gingen mit den afrikanischen Autochthonen und den Suaheli ein Konnubium ein. Die hadramaut-arabischen Migranten beeinflußten in entscheidendem Maße die Suaheli-Kultur. Sie brachten den Islam in der Sunnirichtung nach Ostafrika und formten die Suahelisprache.

b. Die Oman-Araber

Die Oman-Araber haben neben den Persern zur Bildung der politischen Oberschicht der Suaheli beigetragen. Sie gründeten in Ostafrika Dynastien, wobei sie, da sie ebenfalls ohne Frauen erschienen, mit den afrikanischen Autochthonen ein Konnubium eingingen oder durch Einheirat in autochthone Dynastien, wie in Pate, die politische Macht an sich rissen.

---

1) Das ist jedoch eine Hypothese, die noch der Nachprüfung bedarf. Dazu CHITTICK, Neville, S. 292.

4. Der Islam in der spezifischen Ausprägung der Südwest-Araber aus Hadramaut

Die Einwanderer aus Hadramaut brachten den Islam in der Sunni-Richtung und zwar in der speziellen Ausprägung eines südwest-arabischen Wert- und Normensystems nach Ostafrika und haben in entscheidendem Maße zum Wandel der sozialen Institutionen der Afrikaner zu denen der Suaheli beigetragen. So kam es in der Suaheli-Kultur zum Vorherrschen des südwest-arabisch-islamischen Elementes in der hadramautischen Ausprägung [1]. Die Hadrumaut-Araber hatten damit eine der Voraussetzungen geschaffen, die den Oman-Arabern die rasche und erfolgreiche Aufrichtung ihrer Macht ermöglichte. Der Behauptung von HARRIES, daß von den Migranten des 8. - 15. Jahrhunderts nur die Namen geblieben wären und sie ihre traditionelle Kultur verloren hätten, muß entschieden widersprochen werden. [2]

TRIMINGHAM vertritt dazu folgende Auffassung:
"But it was essentially the emigration of Hadrami SHAFI-I leaders rather than of 'UMANIS ('IBADI) which was responsible for remoulding Swahili culture and imprinting it with the dominant stamp it bears today. The Arab racial myth, together with the strong Arabism of HADRAMI influence, caused the Arab element to dominate..." [3]. Im 17. Jahrhundert kam es durch Angriffe vom afrikanischen Inland auf die Küste zu einer Schwächung der Schirazi und einer Vorherrschaft der Hadramaut-Araber, da in der nachportugiesischen Periode mit einer zwar schwachen aber andauernden arabischen Einwanderung aus Hadramaut gerechnet werden muß.

Der Islam muß als ein interkulturelles System betrachtet werden, das jeder Regionalkultur seinen typischen Stempel aufdrückt, das Wert- und Normensystem, die Institutionen. Es soll bereits hier auf die Institution des Rechts hingewiesen werden. "This unity in provided by the law, and it was the ascendancy of the law which moulded life and institutions and gave identity and continuity to the culture." [4] MÜHLMANN vertritt die Ansicht, daß den ethnischen Gebilden durch die integrierende Wirkung der Institutionen und nicht durch die sowieso nicht vorhandene gemeinsame Abstammung Dauer verliehen wird. [5]

---

1) TRIMINGHAM, John Spencer, 1964, S. 73.

2) HARRIES, Lyndon, S. 226, 225.

3) TRIMINGHAM, John Spencer, 1964, S. 22.

4) Ebd., S. 65.

5) MÜHLMANN, Wilhelm Emil, Ethnologie als soziologische Theorie der interethnischen Systeme, KZSS, Bd. VIII, 1956, S. 197.

Es ist notwendig, hier den Islam mit dem Christentum[1] zu vergleichen, um die Situation, die durch den Islam entstand, klarer zeichnen zu können. Die Kirche als Institution des Christentums war im Rahmen des römischen Staates entstanden. Staat und Kirche blieben autonom "... and so conceived society as governed by a duality of powers, the temporal and the spiritual."[2] Anders bei dem Islam, der in einer staatenlosen Gesellschaft entstand. Mohammed war "... the preacher of a faith and the organizer of a temporal community. Consequently the social law was an integral part of the religious law, and respect for the social law an integral part of submission to Allah. ...this theoretical unity is a limit which was never reached, or at least could not be reached concretely without naturalizing, as Muslim, usages which were in fact pre-Islamic."[3]

Der Interaktionsprozeß[4] zwischen der südwest-arabisch-islamischen und der afrikanischen Kultur beruht auf einer gewissen gegenseitigen Akkulturation, wobei allerdings die asiatische Kultur überwog. TRIMINGHAM vertritt dazu folgende Ansicht: "From Islam stemmed a view of life and society which created a new community. The culture retained the decisive stamp of its South Arabian birthplace, especially in law, but in the new environment and through intermarriage with Bantu much was absorbed from African life. ... Elements which could not be absorbed because contrary to Islam, but which the community needed, were allowed to exist parallel to the Islamic system of life..."[5]

---

1) CAHEN, Claude, The Body Politic, in: GRUNEBAUM, Gustave E. von (Ed.), Unity and Variety in Muslim Civilization, Chicago 1955, S. 133.

2) und 3) Ebd.

4) TRIMINGHAM, John Spencer, 1964, S. 66.

5) TRIMINGHAM, John Spencer, 1964, S. 66. Siehe dazu auch: HIRSCH, Ernst E., Die Rezeption fremden Rechts als sozialer Prozeß, in: Festgabe für Friedrich BÜLOW zum 70. Geburtstag, 1960, S. 121. HIRSCH stellt fest, daß die Rezeption fremden Rechts einen kürzer oder länger verlaufenden sozialen Prozeß darstellt. "Es handelt sich um einen Fall von exogenem Wandel, der sich durch Integrierung des fremden Kulturgutes in die übernehmende Gesellschaft in mehreren Stufen und Graden und Diffusion und Assimilation vollzieht." Ebd., S. 123. Es muß unterschieden werden zwischen der Rechtsform und der Rechtswirklichkeit, d.h. zwischen dem, was rezipiert werden soll, und demjenigen, was durch Normenverwirklichung im Laufe eines kürzer oder länger dauernden sozialen Prozesses faktisch rezipiert wird. Ebd., S. 125.

Die Möglichkeiten, durch den Islam zu einem sozialen Wandel zu kommen, sind zwar groß gewesen, die Ergebnisse jedoch nicht so bedeutend. Es blieb der englischen Kolonialmacht vorbehalten, hier entscheidend einzugreifen. Der Einfluß des Islams war am stärksten auf die städtische Gesellschaft und am schwächsten auf dem Lande.[1]

Um die Ausbreitung[2] des Islams - er wird hier immer unter dem Aspekt des Wert- und Normensystems einer Gesellschaft betrachtet - klarer herausstellen zu können, wird die Ausbreitung des Islams in Westafrika zum Vergleich herangezogen. Die Islamisierung Westafrikas vollzog sich in zwei Phasen. Der Islam fand zuerst Zugang in die autochthone Sudan-Gesellschaft als das Wert- und Normensystem der Oberschicht, was zu einer gewissen Akkulturation an das afrikanische System führte. Erst in dieser Form wurde er im Zuge einer militärischen Ausbreitung nach Westafrika gebracht. Anders ist es in Ostafrika gewesen. Der Islam war hier niemals das Wert- und Normensystem einer bestimmten Schicht, sondern einzelne hadramaut-arabische und persische Migranten haben durch das Konnubium mit Autochthonen zu seiner Verbreitung beigetragen.[3] "The process of Islamization proceeds by graduation through three stages of germination, crisis, and gradual reorientation."[4] Die Suaheli[5], d.h. die Träger der Suaheli-Kultur, können dem dritten Stadium zugerechnet werden, da sie in ihrem Verhalten und damit in ihren Institutionen voll islamisiert sind. Diese Aussage trifft aber nur für den städtischen Bereich und die Mittel- und Oberschichten zu. In Sansibar muß, was den Grad der

---

1) "The townspeople have been changed to the norm of Islamic society but among the cultivators the indigenous structure of kinship relations and social regulations continues to form the basis of social solidarity." TRIMINGHAM, John Spencer, 1964, S. 149.

2) Ebd., S. 53 f.

3) "There were no intermediary Africans who could demonstrate by their Islamized African society that adoption of a few Islamic institutions would not disrupt society." TRIMINGHAM, John Spencer, 1964, S. 54 f.

4) Ebd., S. 60. Siehe dazu auch TRIMINGHAM, John Spencer, Islam in West Africa, Oxford 1954, S. 33-40; BARNETT, Homer G., Innovation: The Basis of Cultural Change, New York 1953.

5) TRIMINGHAM, John Spencer, 1964, S. 60.

Islamisierung betrifft, zwischen städtischen und ländlichen Bereichen (Araber und Hadimu) einerseits und zwischen den verschiedenen Schichten (Araber und Zalia) andererseits unterschieden werden.[1]

5. Schiraz und Oman - Die Gründer von Dynastien und ethnischen Gebilden.

Migranten von Schiraz und Oman bildeten einerseits kleine selbständige Handelsplätze und andererseits organisierte Zentren, sogenannte Strukturkerne oder Kristallisationspunkte, die durch Abspaltung (Filiation) aus ethnischen Gebilden entstanden waren. Es kann angenommen werden, daß es von Anfang an zu einer starken Afrikanisierung der persisch-arabischen Handelsplätze und Stadtstaaten - im kulturellen und biologischen Sinne - kam. Zwar läßt sich auf Grund von schriftlichen Quellen die Geschichte der ostafrikanischen Küste seit Auftreten des Islams bis in die Gegenwart in groben Zügen nachvollziehen, jedoch können viele Ereignisse auf Grund der Dürftigkeit der lokalen Dokumente nur unter Vorbehalt dargestellt werden.[2]

Die merkantilen Seefahrer, die die städtischen Siedlungsformen und die ihnen entsprechenden Lebensformen nach Ostafrika brachten, müssen als die Gründer von Handelsplätzen angesehen werden. Zwischen dem 7. und 13. Jahrhundert kam es zur Bildung einer Anzahl von islamischen Stadtstaaten,[3] die von Persern oder Arabern, die aus politischen und religiösen[4] Gründen ihre Heimat verlassen hatten, gegründet worden waren. Die Handelsplätze und Stadtstaaten erweiterten sich durch die Absorbierung, d.h. durch die Adoption und Akkulturierung Einzelner. Es geschah einerseits durch eine allmähliche Integrierung von Sklaven - Autochthonen vom afrikanischen Inland -, die in den Haushalten der Suahelis lebten und andererseits durch das Konnubium der Suaheli sowohl mit arabischen Migranten wie mit Afrikanern, vorwiegend von dem Inland. Es bestand also weder ein Endogamie- noch ein Exogamiegebot. Es gelang den Suaheli nicht, eine politische Einheit an der ostafrikanischen Küste zu errichten, aber sie schufen eine der Voraussetzungen zur Errichtung des oman-

---

1) TRIMINGHAM, John Spencer, 1964, S. 68. Unter Zalia werden Abkömmlinge von früheren Haushaltssklaven und einzelne Assimilierte von Festlandstämmen verstanden. Ebd., S. 31.

2) PRINS, Adrian Hendrik Johan, S. 40; siehe dazu auch FREEMAN-GRENVILLE, Greville, Stewart Parker, 1963, S. 162.

3) PRINS, Adrian Hendrik Johan, S. 41.

4) BURKE, E.E., S. 93 (1).

arabischen Herrschaftsbereiches in Ostafrika. Wie bereits erwähnt, bleiben die Dynastiegründungen des Mittelalters in sagenhaftem Dunkel. Hier wird auf Kilwa als Schirazi-Gründung und Pate als oman-arabische Gründung hingewiesen, die nur als Beispiele dienen sollen.

Es muß unterschieden werden zwischen jenen, die sich mit einer persischen Abstammung identifizierten - den Schirazi - und jenen, die angaben, arabischer Abstammung zu sein. Die Identifizierung hatte sich bis in die neueste Zeit erhalten und zu schweren politischen Auseinandersetzungen geführt. Schirazis sind also Suaheli, die sich im politischen Sinn mit einer persisch-islamischen und afrikanischen Abstammung identifizieren. Es soll nicht bedeuten, daß sie irgendwelche Züge der persischen Kultur ihr eigen nennen können. Grundsätzlich[1] führen die Schirazis ihre Bezeichnung auf die früher herrschende Schicht der Insel- und Küstenniederlassungen zurück. Es ist weiter nichts als eine Bezeichnung, die zur Abgrenzung gegenüber den Suaheli "arabischer Abstammung", den Arabern und den zuwandernden Festland-Afrikanern dienen soll. In der Selbst- und Fremdeinschätzung haben sich allerdings in neuester Zeit, bedingt durch die politischen Ereignisse, erhebliche Wandlungen vollzogen.[2]

Eingehender soll hier auf die Einwohner der Inseln Pemba, Tumbatu und Sansibar eingegangen werden, da sie im weiteren Verlauf der Untersuchung eine größere Relevanz gewinnen. Die Bewohner dieser Inseln sind Suaheli, die sich der Subkultur der Schirazis zurechnen. Sie gehören den ethnischen Gebilden der Hadimu, Tumbatu und Pemba an. Die Ostküste Sansibars und deren südlicher Teil wurde von den Hadimu bewohnt. An der Nordwestküste lebten die Tumbatu, die ihren Namen von der gegenüber Sansibar liegenden kleinen Insel hatten. Die Pemba lebten in Pemba. Unter den Oberhäuptern dieser ethnischen Gebilde hatte das der Hadimu immer eine gewisse Vorherrschaft.[3]

Die Bezeichnung Hadimu stammt von arabischen Migranten und bedeutet Sklaven. Im 20. Jahrhundert wurde diese Bezeichnung unter den Hadimu unbeliebt und es wurde die Bezeichnung Schirazi angenommen, die an die ferne Abkunft von persischen Einwanderern erinnern sollte.

Die Pemba stammen von verschiedenen Einwanderungen ab.[4] So soll u.a.

---

1) TRIMINGHAM, John Spencer, 1964, S. 32.

2) PRINS, Adrian Hendrik Johan, S. 14.

3) COUPLAND, Reginald, Invaders, S. 321.

4) GRAY, John, 1962, S. 170 ff.; TRIMINGHAM, John Spencer, 1964, S. 17.

eine große Anzahl von Schirazis von Witu auf dem Festland auf die Insel eingewandert sein. GRAY berichtet, daß am Ende des 17. Jahrhunderts eine größere Anzahl von Segeju aus der Gegend von Tanga auf die Insel kamen[1]. Die Pemba waren gegen die Herrschaft der Mazrui von Mombasa auf ihrer Insel und suchten Hilfe bei SAID von Oman. Es wurde ein Vertrag geschlossen und die Pemba zahlten für den Schutz.

Die Herrscher[2] der Tumbatu wurden als Sheba bezeichnet. Der Sheba erkannte die Oberherrschaft des MWINYI MKUU der Hadimu an. Die Hadimu und Tumbatu waren matrilineal und zwar derart, daß beim Fehlen eines männlichen Herrschaftsnachfolgers nicht der Mutter-Bruder zur Herrschaft kam, sondern in direkter Folge die Tochter. Bisweilen versuchten arabische und persische Migranten, durch ein Konnubium mit diesen matrilinealen Herrschaftsfamilien die politische Herrschaft an sich zu reißen. Es sei hier auf Nabhani aus Oman verwiesen, der im 13. Jahrhundert nach Pate kam, die Tochter des authochthonen Herrschers heiratete und die Macht übernahm.[3] Die Herrschaftsgeschlechter der Hadimu und Tumbatu starben in der 2. Hälfte des 19. Jahrhunderts aus. Die drei ethnischen Gebilde der Hadimu, Tumbatu und Pemba nahmen die Bezeichnung Shirazi an, um sich u.a. von den Arabern und den Festland-Afrikanern zu unterscheiden.

Unter dem Druck des arabischen Nationalismus und der englischen politischen Kontrolle bildete sich im 20. Jahrhundert das Bewußtsein der Zusammengehörigkeit unter den Hadimu, Tumbatu und Pemba. Bereits hier soll auf die nachkolonialen Phasen verwiesen werden, als es zu einer Vereinigung der Hadimu, Tumbatu und Pemba (Schirazis) und der Festland-Afrikaner in einer Partei kam, die versuchte, sich gegenüber den arabischen Migranten und damit gegenüber dem arabischen Nationalismus, abzugrenzen.

6. Das Suaheli - Eine afrikanische Sprache

Die afrikanischen Autochthonen zwangen die persischen und arabischen Migranten, ihre Sprache aufzugeben. Es kam zur Bildung einer Bantu-

---

1) GRAY, John, 1962, S. 171.

2) GRAY, John, 1962, S. 170 ff.; TRIMINGHAM, John Spencer, 1964, S. 17.

3) Die Dynastie regierte bis in das 19. Jahrhundert. Siehe dazu: STIGAND, Chauncey Hugh, S. 29-102; WERNER, A., S. 148-161, 278-296, 392-413.

Sprache, dem Suaheli, die allerdings 20 - 30 % arabische und wenige persische Worte enthält.[1]

2. Die Sozialstruktur

Am wichtigsten ist für einen Suaheli der Stammbaum in der männlichen Linie, die Abstammung von einem, wenn auch nicht genau bestimmbaren Ahnen, was von den Arabern übernommen wurde.[2] Es ist also die soziale Abstammung entscheidend und nicht die biologische, in diesem Falle die Hautfarbe.

Bei den Suaheli[3] müssen folgende Unterscheidungen getroffen werden:

a. Freie
- Freie seit Geburt mit Stammbaum,
- Aus bestimmten Gründen Befreite, was durch ein Dokument nachgewiesen werden muß, und deren Nachkommen. Ein Sklave konnte bei besonderen Verdiensten von seinem Herrn in den freien Stand versetzt werden.
- Festland-Afrikaner, die zwar akkulturiert waren, die aber trotzdem sozial unterschieden wurden.

---

1) Es wird angenommen, daß die Suaheli-Sprache im 13. Jahrhundert entstand. Man vermutet, daß sie in den mittelalterlichen Stadtstaaten als Umgangssprache benützt wurde, während die offizielle Sprache das Arabische war. Erst im 18. Jahrhundert hat sich das Suaheli als Literatursprache entwickelt. Es war bis zum 19. Jahrhundert auf die ostafrikanische Küste beschränkt und hat sich in der folgenden Zeit von Mogadishu bis Moçambique und bis in den Kongo ausgedehnt. Siehe dazu: PRINS, Adrian Hendrik Johan, S. 25; FREEMAN-GRENVILLE, Greville, Stewart, Parker, 1962, S. 27.

2) Für einen Araber ist es das wichtigste, einen Stammbaum zu haben. "... there is the fictitious genealogical linkage (nasaba) which embraces all claiming descent in the paternal line from some indeterminate ancestor. The lineage concept in many groups is bound up with the Arab's pride in having a nisba." Unter "nisba" wird der Stammbaum verstanden. TRIMINGHAM, John Spencer, 1964, S. 144.

3) TRIMINGHAM, John Spencer, 1964, S. 146 ff.

b. Sklaven
- Bis in die Gegenwart hat der ehemalige Sklavenstatus Auswirkungen. Zur Zeit, als die Sklaverei als Institution bestand, gab es unter den Sklaven eine eigene Hierarchie. Sie richtete sich nach der Länge des Dienstes und der Beschäftigung.

Die aus dem Konnubium[1] von Arabern und weiblichen Sklaven hervorgegangenen Kinder übertrafen bei weitem die Zahl der Kinder, die von freien Frauen stammten. Sie waren frei und galten als Araber. Diese Tatsache beeinflußte in entscheidendem Maße die Rassenbeziehungen in Ostafrika. Nicht die Hautfarbe eines Kindes, sondern die ethnische Zugehörigkeit des Vaters und dessen Status, bestimmten seinen sozialen Standort in der Gesellschaft[2].

Obwohl die Sklaverei aufgehoben worden war, gab es nach wie vor den sozialen Status der Sklaven, da das islamische Recht diesen Unterschied macht. "... and subject to disabilities in a shari'a court from which freedom can only be obtained by the process of manumission in such a court. This recognition of slave status works in various ways apart from social stigma."[3] Unter der englischen Kontrolle kam es zur Aufhebung der Sklaverei und zur Einführung des englischen Rechtes. Dabei kam es zu einem Normenkonflikt zwischen dem islamischen und dem englischen Recht. So konnten die Nachkommen von Sklaven, die nach dem englischen Recht Freie waren, nach dem islamischen Recht Sklaven sein. Ein Sklave durfte nur mit Erlaubnis seines Herrn heiraten; umging er diese Vorschrift, so war seine Ehe nach der Sharia nicht existent und die aus dieser Ehe entspringenden Kinder galten als illegitim. Das englische Gesetz erkannte dagegen die Ehe an und damit auch die Legitimität der Kinder.

---

1) COOPER, Frederick, Plantation Slavery on the East Coast of Africa, New Haven 1977, S. 197.
2) Ebd. S. 199.
3) TRIMINGHAM, John Spencer, 1964, S. 148.

C. PROZESSE DER KOLONIALISIERUNG UND DER DEKOLONISIERUNG

I. Zur Theorie der kolonialen Phasen

Die Territorialisierung Afrikas, d.h. die Errichtung von kolonialen Verwaltungseinheiten durch die europäischen Mächte, war ein Schritt auf dem Wege zur Entstehung der neuen afrikanischen Nationen. Die Grenzziehung, die ohne Rücksicht auf ethnische Gebilde erfolgte, schuf eines der Probleme, das die Integration der neuen Staaten so sehr erschwert. Ein anderes Problem war durch die Einführung neuer Verwaltungsstrukturen, Rechtswesen u.a. entstanden, da dadurch ein exogener Wandel in Gang gesetzt wurde.

Der afrikanische Nationalismus kann als die Zurückweisung dieser europäischen Kontrolle angesehen werden, wobei aber die durch die Europäer gebildeten territorialen Grenzen und damit territorialen Gebilde anerkannt wurden. Ausserdem waren die meisten Afrikaner, die den Kampf um die Unabhängigkeit führten, auf europäischen Schulen und Universitäten erzogen worden, d.h. ihr politisches Denken hatte sich in Europa geformt und ihre nationalen Ideen einen europäischen Ursprung.[1]

Grundlagen dieser Untersuchung sind die zeitlichen Abläufe der Kolonisations- und Dekolonisationsprozesse, die im Bereich der Territorien der Inseln Pemba, Tumbatu und Sansibar - im weiteren als Sansibar bezeichnet - durch die Einflußnahme der Engländer hervorgerufen wurden.

Schwierigkeiten ergeben sich bei der Bestimmung des Kolonialismus, soweit er von einer außereuropäischen, arabischen Macht getragen wurde, denn zu Beginn des 19. Jahrhunderts kam es in Sansibar durch die Oman-Araber zur Ausbildung einer "quasi-kolonialen", arabischen Herrschaftsstruktur, die die autochthone überlagerte und als praeindustriell oder merkantil bezeichnet werden kann.

In Sansibar hat sich also auf eine autochthone Herrschaftsstruktur eine arabische gelegt, die ihrerseits von einer englischen überlagert wurde.

---

1) Hodgkin, Thomas, Nationalism in Colonial Africa, New York 1957, S. 170.

Von einer Kolonie[1] soll dann gesprochen werden, wenn eine Metropolitan Society durch den Prozeß der Kontrollausübung relativ dauerhaft die Bevölkerung in einem entfernten Gebiet in politischer, wirtschaftlicher und kultureller Hinsicht beherrscht, wobei das soziale System der Metropolitan Society mit dem sozialen System der beherrschten Bevölkerung in Interaktion tritt, deren soziales System aber andererseits nicht in das soziale System der Metropolitan Society integriert wird. Die Mitglieder der Metropolitan Society, die die Kontrollausübung vollziehen, werden als Migranten und die vorgefundene Bevölkerung als Autochthone bezeichnet. Unter dem Prozeß der Kontrollausübung, der als Kolonisation bezeichnet wird, sollen jene[2] sozialen Wandlungsprozesse verstanden werden, die zu dem Idealtyp der Kolonie führen sollen. Das Konzept des Kolonialismus "... implies a particular system of political, economic and cultural relations as well as typical ethnic relations emerging from them.[3] Unter Dekolonisation werden dagegen die Wandlungsprozesse verstanden, die eine Kolonie zu einem selbständigen Staat führen und zwar dem modernen Nationalstaat, wobei das Territorium des Staates durch die koloniale Verwaltungseinheit vorgegeben ist, andererseits aber die Umformung der Bevölkerung zu einer nationalen Einheit erst vollzogen werden muß[4]. FRANCIS äußert sich dazu wie folgt:"The preceding discussion suggests that we should conceive of colonization and decolonization as of continuous processes of social change which run through a succession of typical situations of which die colonial stage properly speaking comes

---

1) FRANCIS, Emmerich, K., Interethnic Relations, New York 1976, S. 306.

2) Der Idealtyp " ...wird gewonnen durch einseitige Steigerung eines oder einiger Gesichtspunkte und durch Zusammenschluß einer Fülle von diffus und diskret, hier mehr, dort weniger, stellenweise gar nicht , vorhandenen Einzelerscheinungen, die sich jenen einseitig herausgehobenen Gesichtspunkten fügen, zu einem in sich einheitlichen Gedankenbilde. In seiner begrifflichen Reinheit ist dieses Gedankenbild nirgends in der Wirklichkeit empirisch vorfindbar, es ist eine Utopie, und für die historische Arbeit erwächst die Aufgabe, in jedem einzelnen Falle festzustellen, wie nahe oder wie fern die Wirklichkeit jenem Idealbilde steht...". WEBER, Max, Gesammelte Aufsätze zur Wissenschaftstheorie, 3. Aufl., Tübingen 1968, S. 191.

3) FRANCIS, Emmerich, K., Sociology of Interethnic Relations, Manuskript o.J., Part IV, Chapter I, S. 5.

4) BONN, Moritz, The Age of Counter-Colonisation, International Affairs, Vol. XIII, 1934, S. 845-847. BONN führte zuerst den Be-
(Fußnote 4) weiter auf Seite 39)

closest to the paradigm of the historical phenomenon under scrutiny."[1]

Ein theoretische Kontinuum[2] soll zur Unterscheidung der verschiedenen Phasen bei den Kolonisations- und Dekolonisationsprozessen dienen:

1. Die vorkoloniale Phase,
2. die frühe koloniale Phase,
3. die koloniale Phase,
4. die Phase der beginnenden Dekolonialisierung,
5. die Phase der nationalen Unabhängigkeit.

Zur vorkolonialen Phase werden sporadische Unternehmungen von Händlern gerechnet, wie z.B. die Suche nach Sklaven, Gewürzen u.a., ebenso wie die dauernde Ansiedlung dieser "Fremden" und die Errichtung von Herrschaftsinseln zur Sicherung der Handelsplätze. Von entscheidender Bedeutung für diese vorkoloniale Situation ist, daß die Autochthonen nur peripher in politischer, wirtschaftlicher und kultureller Hinsicht berührt wurden. Aus diesen Situationen mit nur rudimentärer Kontrolle konnten sich dann die kolonialen Phasen mit intensiver Kontrolle entwickeln.

Mit der frühen kolonialen oder Übergangsphase beginnen jene gezielten Kontrollmaßnahmen einer Metropolitan Society über eine Bevölkerung in einem entfernten Gebiet in politischer, wirtschaftlicher und kultureller Hinsicht. Von entscheidender Bedeutung für diese Phase ist im Gegensatz zur vorkolonialen Phase, daß es sich nicht um Unternehmungen Einzelner oder kleiner Gruppen handelt, sondern um gezielte Kontrollmaßnahmen, die von einer Zentrale ausgehen, was im Folgenden von FRANCIS näher erläutert wird: "... social interaction between aboriginal and immigrant population becomes more frequent, intensive and inclusive leading up to a redefinition of social categories and groups. Old social structures are transformed entirely, new collectivities emerge, interbreeding and intermarriage change the very biological and social heritage."[3]

Fortsetzung der Fußnote 4) v. Seite 38: .....griff Dekolonisation ein. Siehe dazu: ALBERTINI, Rudolf von, Dekolonisation. Die Diskussion über Verwaltung und Zukunft der Kolonien. 1919-1960, Köln 1966, S. 28.

1) FRANCIS, Emmerich K., Interethnic Relations, Manuscript, Part IV, Chapter I, S. 14.
2) Ebd., S. 10 - 13.
3) Ebd., S. 12.

Hierher gehören Protektorate, die Anlage von Pflanzungen oder Ansiedlungen, der Bau von Städten. Es kommt zum Wandel der sozialen Struktur und zum Entstehen neuer Kollektivitäten, d.h. zu einer umfangreichen Zerstörung der bisherigen und zum Aufbau neuer Interaktionen.

In der kolonialen Phase findet eine relativ andauernde, politische, wirtschaftliche und kulturelle Kontrolle der Metropolitan Society über die Autochthonen statt; dabei kommt diese Phase dem Idealtyp Kolonie am nächsten. Der koloniale Wandel ist nach BINDER-KRAUTHOFF" ... dadurch gekennzeichnet, daß sich Individuen aus den Provinzeinheiten lösen und an die Erfordernisse der zentralen Superstruktur anpassen. Es handelt sich also weniger um einen Wandel von Systemen als um eine Umorientierung von Individuen, die sich in einem Austausch der handlungsrelevanten Bezugskategorie ausrückt"[1], d.h. es kommt durch den kolonialen Wandel zu umfangreichen Desintegrationsprozessen.

Unter Dekolonialisierung soll jener Prozeß verstanden werden, der von der kolonialen zur nachkolonialen Situation führt. Es kommt mindestens zu einer politischen, nicht immer aber wirtschaftlichen und kulturellen Loslösung von der Metropolitan Society. Die politische Kontrolle wird von einem Teil der Kolonialgesellschaft übernommen. Dieser Prozeß findet in einer Zeit statt, in der sich die Metropolitan Society in dem Zustand der ethnischen oder demotischen Nation befindet. So läßt sich erklären, daß der sich loslösende Teil der Kolonialgesellschaft die Forderungen nach einer Nation stellt. Die Dekolonialisierung im wirtschaftlichen Bereich führt zwar formal zur Loslösung, bleibt aber doch sehr oft beschränkt; ebenso ist es mit der kulturellen Loslösung, da z.B. die Sprache, das Erziehungssystem oder anderes vom Kolonialherrn übernommen werden kann, bzw. üblicherweise beibehalten wird.

Bei dem theoretischen Kontinuum von FRANCIS, das zur Unterscheidung der verschiedenen Phasen bei der Kolonisations- und Dekolonisationsprozessen dient, wird für die Phase 4 - die Phase der beginnenden Dekolonisierung - und die Phase 5 - die Phase der nationalen Unabhängigkeit - eine stärkere Differenzierung vorgeschlagen. Bei der Phase der beginnenden Dekolonialisierung sollte auf jeden Fall unterschieden werden zwischen einer beginnenden Dekolonialisierung im

    a) politischen,
    b) wirtschaftlichen und
    c) kulturellen Bereich.

---

1) BINDER-KRAUTHOFF, Kristine, Phasen der Entkolonialisierung: Eine Analyse kolonialpolitischer Relikte in Afrika, Berlin 1970, S. 159.

Die beginnenden Prozesse der Dekolonialisierung im politischen Bereich, d.h. die Entwicklung von demokratischen Institutionen durch die kontrollausübende Metropolitan Society, um eine Mitbeteiligung und damit Mitbestimmung der autochthonen Herrschaftsunterworfenen herbeizuführen, bedeutet noch lange nicht, daß damit auch die dekolonialen Prozesse im wirtschaftlichen und kulturellen Bereich einsetzen. Es wird deshalb vorgeschlagen, bei der Phase 4 eine Unterteilung vorzunehmen, da der Begriff "beginnende Dekolonialisierung" nicht angibt, in welchem oder in welchen Subsystemen die Entkolonialisierung begonnen hat.

Die Phase 5 der nationalen Unabhängigkeit sollte als Phase der staatlichen Unabhängigkeit bezeichnet werden, da sie einerseits die Beendigung der politischen Diskriminierung bedeutet aber andererseits die Nation noch nicht existent ist und erst aufgebaut werden soll. Eine weitere Einflußnahme der Metropolitan Society durch Agenten bzw. Ratgeber wird hier außer acht gelassen. Die Nationwerdung muß erst vollzogen werden, wobei Zweifel bestehen, ob es überhaupt gelingen wird, daß europäische politische Institutionen z.B. in Afrika rezipiert werden und andererseits muß die Frage aufgeworfen werden, inwieweit mangelnde politische Sozialisation die Ursache für Schwierigkeiten bei der Rezeption westlicher Institutionen ist. Da die Phase 5 aber nur die staatliche Unabhängigkeit impliziert, sollte sich an diese Phase die Phase 6 der wirtschaftlichen Unabhängigkeit und die Phase 7 der kulturellen Unabhängigkeit anschließen. Die Reihenfolge 5 - 7 soll kein zeitliches Hintereinander bedeuten, sondern es kann natürlich mit der Phase 5 auch die Phase 6 und/oder 7 gleichzeitig eintreten. Es läßt sich auf jeden Fall nachweisen, daß mit der politischen Unabhängigkeit die Prozesse der Kontrollausübung im wirtschaftlichen und kulturellen Bereich durch die Metropolitan Society weiterlaufen können. Hier soll nur ein kurzer Hinweis auf das ehemalige französische Kolonialgebiet in Afrika gegeben werden. Dort zeigt sich trotz staatlicher Unabhängigkeit in starkem Maße eine kulturelle Identifizierung mit und eine wirtschaftliche Abhängigkeit von der ehemaligen Metropolitan Society.[1]

Die Situation, die bei der Kontrollausübung entsteht, wird als koloniale Situation bezeichnet.[2]

---

1) "Some 200.000 Frenchmen still live in the former colonies; not only do they dominate power companies, railways, airways and broadcasting, they also influence most branches of government - including armies and police forces. ... In the view of most African observers Frenchspeaking Africa faces a second revolution, if only because the first one didn't change anything." Time, The French Tie That Binds, February 15, 1971, S. 27.

2) Zu dem Begriff der kolonialen Situation siehe: BALANDIER, Georges, Sociologie actuelle de l'Afrique noire, Paris 1955, S. 53.

Zur kolonialen Situation gehören:

Die K o l i n i a l g e s e l l s c h a f t

- Um die Kolonialgesellschaft [1] zu definieren, werden die sie bildenden Bevölkerungskategorien angegeben, wobei die Definition der Kategorien von außen erfolgt.

- Die M i g r a n t e n aus der M e t r o p o l i t a n S o c i e t y, die auf die Dauer die Kontrollausübung vollziehen.

- Die a k k u l t u r i e r t e n A u t o c h t h o n e n und a k k u l t u r i e r t e n S k l a v e n , die beide mit den Migranten in signifikante Interaktion treten, z.B. als Arbeiter in den Ausbeutungskolonien oder als Elite bei der indirekten Herrschaft. Die Interaktionen von kulturell heterogenen Bevölkerungskategorien führen zur Akkulturation, wobei auch an eine gewisse Akkulturation der Migranten an die Autochthonen gedacht werden muß.

- Die a k k u l t u r i e r t e n M i s c h l i n g e

- Die M i g r a n t e n , d i e n i c h t d e r M e t r o p o l i t a n S o c i e t y a n g e h ö r e n , aber mit den Migranten der Kolonialgesellschaft interagieren.

Die n i c h t a k k u l t u r i e r t e n A u t o c h t h o n e n , also jene, die nicht mit Mitgliedern der Kolonialgesellschaft in Interaktion treten.

Die M i t g l i e d e r d e r M e t r o p o l i t a n S o c i e t y , die sich nur vorübergehend in der Kolonialgesellschaft aufhalten.

In den frühen Phasen der Kolonisation identifizieren sich die Migranten mit der Metropolitan Society. Sie handeln als ihre Repräsentanten und verstärken allmählich die Kontrolle über die Autochthonen. Diese Repräsentanten sind zwar räumlich von der Metropolitan Society getrennt, bleiben aber ihre Mitglieder.[2]

Die Mischlingsbevölkerung wird von außen definiert nach rassischen, also somatischen, oder nach sozialen, also ethnischen Gesichtspunkten, wobei offen bleibt, nach welchen Gesichtspunkten die Definition der kolo-

---

1) FRANCIS, Emmerich K., Interethnic Relations, Manuscript, Part IV, Chapter I, S. 41 - 45.
2) Ebd., S. 18

nialen Situation geschieht. Ethnische Unterschiede werden auf verschiedene Weise anerkannt und symbolisiert, z.b. ist es bei den europäischen Völkern die Sprache, während zwischen der Metropolitan Society und den Autochthonen neben der Sprache auffallende somatische Unterschiede bestehen, was FRANCIS zu folgender Äußerung veranlaßt: "Thus 'race' rather than 'ethnicity' serves the purpose of differentiating between the populations. Moreover, in the confrontation between the metropolitan and an aboriginal population ethnicity looses, race gains saliency."[1]

Die Akkulturation der Autochthonen, d.h. ihre Hinwendung zu den Werten und Normen der Kolonisatoren wird üblicherweise als Modernisierung bezeichnet.

II. Die "quasi-koloniale", oman-arabische Herrschaftsausübung

Die politische und wirtschaftliche Organisation der oman-arabischen Gesellschaft muß zu Beginn des 19. Jahrhunderts als prämoderner Empire-Typ mit politischer Machtstruktur und agrarischer Wirtschaftsverfassung bezeichnet werden. In der ersten Hälfte des 19. Jahrhunderts kam es im ostafrikanischen Herrschaftsbereich von Oman und zwar auf den Inseln Sansibar und Pemba zur Ausbildung einer Art Übergangsphase in Richtung eines absoluten Staates mit Handel und staatlich gelenkter Wirtschaftspolitik. Im ostafrikanischen Küstenbereich muß man dagegen von einer feudalen Verfassung sprechen, da der größte Teil der Hoheitsrechte von den Oman-Arabern an örtliche Herrschaftsbeauftragte abgetreten wurde; andererseits wurden aber Abgaben aus dem Handel von den Oman-Arabern erhoben. Im oman-arabischen, ostafrikanischen Herrschaftsbereich fand einerseits eine materielle Ausbeutung vor allem durch den Anbau und die Ausfuhr von Nelken statt, und andererseits eine menschliche, da vor allem auf dem afrikanischen Festland ein Teil der Autochthonen versklavt und entweder auf die Inseln Sansibar und Pemba als Arbeiter gebracht oder nach Übersee verkauft wurde.

Es soll nun der Frage nachgegangen werden, inwieweit man bei der onanarabischen Kontrollausübung in Ostafrika und im besonderen auf den Inseln Sansibar, Tumbatu und Pemba von einer Kolonisation sprechen kann. Zuerst soll eine Abgrenzung vorgenommen werden. Wenn überhaupt von Kolonisation gesprochen werden kann, dann nur bis zu dem Zeitpunkt, als Sansibar Hauptstadt des oman-arabischen Herrschaftsbereiches von Süd-

---

1) FRANCIS, Emmerich K., Interethnic Relations, Manuscript, Part IV, Chapter I, S. 21

ostarabien und Ostafrika wurde. Mit anderen Worten: seit Ostafrika, im besonderen Sansibar, Tumbatu und Pemba, in das politische Subsystem der oman-arabischen Metropolitan Society eingegliedert wurde, kann nicht mehr von einer kolonialen Situation gesprochen werden.

Man kann von einer Art vorkolonialen Phase sprechen, als arabische Kauffahrer an der ostafrikanischen Küste und den davor liegenden Inseln Handelsniederlassungen anlegten und man kann auch von einer Art frühkolonialen Phase sprechen, als SAID mit dem Abkommen von 1828 seine politische Kontrollausübung durch indirekte Herrschaft über die HADIMUS begann, die zugleich eine wirtschaftliche Kontrolle einschloß. Ehe hier ein abschließendes Urteil gefällt wird, soll auf zwei Aussagen zu diesem Fragenkomplex eingegangen werden.

1. MIDDLETON und CAMPBELL vertreten folgende Auffassung:

"Until the revolution of January 1964, when its Sultan was deposed, Zanzibar was the only Arab-ruled country in Africa south of the Sahara. It thus differed from most other areas in one important respect: it was itself an Arab colonial state and was so before the advent of the British. Recent political developments in Zanzibar can only be understood in the light of this historical fact."[1] MIDDLETON und CAMPBELL bringen in ihrer Analyse keine Aussage darüber, was sie unter Kolonie verstehen, so daß darauf hier weiter nicht eingegangen werden kann.

2. BINDER-KRAUTHOFF[2] spricht einerseits von den arabischen Herrschaftsstrukturen des 19. Jahrhunderts in Sansibar als von vorkolonialen politischen Strukturen bezogen auf die nachfolgende englische Kontrollausübung und andererseits behauptet sie einige Zeilen weiter, daß der britischen Kolonialisierung in Sansibar eine Kolonialisierung durch die Araber vorausgegangen sei. Als Begründung für die arabische Kolonialisierung wird angegeben, daß seit der ersten Hälfte des 19. Jahrhunderts ein arabischer Sultan an der Spitze einer ausgebauten staatlichen Organisation regiert habe und die politischen Führungspositionen sich aus der arabischen Bevölkerung rekrutiert hätten. Ganz abgesehen davon, daß in Sansibar zur Zeit von SAID nicht von einer ausgebauten staatlichen Organisation gesprochen werden kann, erhebt sich die Frage, warum zu diesem Zeitpunkt Sansibar eine Kolonie gewesen sein soll, da auf seinem Territorium die Hauptstadt des oman-arabischen Herrschaftsbereiches von Südost-Arabien und

---

1) MIDDLETON, John and CAMPBELL, Jane, S. 1.
2) BINDER-KRAUTHOFF, Kristine, S. 170 f.

Ostafrika lag. Es erhebt sich weiter die Frage, warum einerseits von vorkolonialen politischen Strukturen und andererseits von Kolonialisierung gesprochen wird.

Wesentlich bei dem Prozeß der kolonialen Kontrollausübung einer Metropolitan Society über eine autochthone Bevölkerung ist neben der geographischen Entfernung u.a., daß das soziale System der Kolonialmacht zwar mit dem autochthonen sozialen System in Interaktion tritt. Andererseits wird dieses autochthone System jedoch nicht in das der Kolonialmacht integriert, so daß, wenn von einer arabischen Kontrollausübung gesprochen werden kann, nur der Zeitraum vor der Verlegung der oman-arabischen Hauptstadt in Frage kommt.

Es soll nun davon ausgegangen werden, daß das oman-arabische soziale System eine Art von kolonialen Methoden entwickelt hat. Es wird behauptet, daß diese Methoden erst entwickelt wurden, nachdem es durch den Einfluß der europäischen kolonialen Methoden zu einem strukturellen Wandel im oman-arabischen System gekommen war. Einerseits beeinflußt, und andererseits bemüht, die kolonialen europäischen Methoden nachzuahmen, kann von gewissen Parallelen zwischen europäischen und oman-arabischen kolonialen Praktiken gesprochen werden. Die Herrschaftsausübung Omans über einen Teil des ostafrikanischen Territoriums wird deshalb als quasi-kolonial bezeichnet. Es kam zur Ausbildung von politischen, arabischen Herrschaftsstrukturen, also zu einer politischen Diskriminierung wie auch zur wirtschaftlichen Ausbeutung, vor allem im Bereich der Küste und den davorliegenden Inseln. Es kam nicht zur Ausbildung von ausgeprägten Verwaltungsstrukturen. Die Verwaltungspositionen wurden nicht mit Beamten, sondern mit Verwandten oder Günstlingen des Herrschers besetzt. Es wurden zwar arabische Gerichte mit arabischen Richtern eingerichtet, jedoch hatte der oman-arabische Herrscher jederzeit ein Einspruchsrecht bei der Urteilsverkündung.

III. <u>Die Errichtung kolonialer englischer Machtstrukturen</u>

Bereits zu Anfang des 19. Jahrhunderts zeichnete sich im ostafrikanischen Herrschaftsbereich Omans das kommende koloniale Einflußgebiet Englands ab. Die Macht von SAID wurde systematisch von der englischen Regierung gestärkt, was ihn in Abhängigkeit von England brachte. In einem Vertrag mit England verzichtete SAID 1822 auf die Sklavenausfuhr aus seinem afrikanisch-asiatischen Machtbereich und räumte England weitgehende Kontrollrechte ein. 1845 wurde in einem weiteren Vertrag auch die Sklaverausfuhr von Sansibar nach Oman verboten. Jedoch war es erlaubt, Sklaven von der ostafrikanischen Küste nach Mafia, Sansibar und Pemba auszuführen.[1] Bis in die achtziger Jahre des 19. Jahrhunderts war England daran interessiert, in Ostafrika ein englisches Primat zu errichten; d.h. man versuchte einerseits, die europäischen Konkurrenten auszuschließen, dachte aber andererseits nicht daran, Ostafrika kolonial zu unterwerfen. In einem Vertrag von 1886 begrenzten Deutschland und England[2] das Herrschaftsgebiet Sansibars auf dem ostafrikanischen Festland auf einen 10 Meilen tiefen und 600 Meilen langen Küstenstreifen von dem Flusse Tana im Norden bis zum Flusse Rovuma im Süden. Die Inseln Sansibar, Pemba, Mafia und Lamu blieben in arabischem Besitz. Später wurde auch der Küstenstreifen zwischen Deutschland und England aufgeteilt. Das war das Ende[3] der arabischen Herrschaft in Ostafrika, die 1000 Jahre vorher begonnen hatte und nur von der portugiesischen Kontrolle unterbrochen worden war.

1890 regelten England und Sansibar in einem Abkommen die Beziehungen zwischen beiden Staaten.[4] Sansibar wurde englisches Protektorat, was eine Teilung seiner Souveränität bedeutete. England übernahm die Kontrolle der auswärtigen Beziehungen und der Verteidigung, während dem Sultan die Regelung der inneren Angelegenheiten verblieb.[5] Die Gründe für die Errichtung eines englischen Protektorates bestanden einerseits darin, den Sklavenhandel zu beenden, und andererseits, eine deutsche Inbesitznahme Sansibars zu unterbinden.

Das Protektorat unterstand dem Foreign Office, dessen Vertretung in Sansibar ein englischer General-Konsul innehatte. 1913 wurde Sansibar dem Colonial Office unterstellt. Der General-Konsul wurde durch einen Residenten ersetzt und der Gouverneur von Englisch-Ostafrika war zugleich High Commissioner von Sansibar.[6]

Mit der Errichtung des Protektorates in Sansibar setzte die frühe koloniale Phase im Prozeß der englischen Kontrollausübung über Sansibar ein. Die

---

1) MIERS, Suzanne, Britain and the Ending of the Slave Trade, New York 1975, S. 86 ff.

2) MIDDLETON, John and CAMPBELL, Jane, S. 6.

3) COUPLAND, Reginald, Invaders, S. 556.

4) Zanzibar Protectorate, Report of the Constitutional Commissioner, Zanzibar 1960, S. 2.

5) WIGHT, Martin, British Colonial Institutions, Oxford 1947, S. 7,9.

6) LOFCHIE, Michael, F., Background, S. 58

gezielten Kontrollmaßnahmen der englischen Zentrale führten zu Veränderungen der Herrschaftsstrukturen. 1891 errichteten die Engländer eine konstitutionelle Regierung mit MATHEWS als ersten Minister. Es wurde ein neues Verwaltungssystem[1] eingeführt, das sich von dem traditionellen System der lokalen Verwaltung unterschied. England hatte 1891 PORTAL nach Sansibar geschickt. HOLLINGWORTH macht dazu folgende Angaben: "The task which now lay before him was to make the British Protectorate effective by developing a system of orderly government. The form of administration which he found on his arrival in August 1891 was, he reported, 'an embodiment of all the worst and most barbarous characteristics of a primitive Arab despotism'."[2] Der Sultan HAMED[3] mußte 1893 den Engländern eine Kontrolle über die Exekutive, Verwaltung und Finanzen zugestehen. Dazu kam das Verbot der Sklaverei in dem Protektorat. 1873 waren die Sklavenmärkte geschlossen und der Sklavenhandel illegal weitergeführt worden. Der Status der Sklaven blieb legal und wurde 1897 nach schwierigen Verhandlungen aufgehoben.[4]

Ehe auf die einzelnen Phasen der englischen kolonialen Kontrollausübung eingegangen wird, soll die koloniale Situation, die durch diese Kontrollausübung entstand, beschrieben werden. Dabei werden die Engländer als Migranten und die Araber, Suaheli (Schirazis) und Festland-Afrikaner als Autochthone bezeichnet.

Zu dieser Situation gehörten:

- Die K o l o n i a l g e s e l l s c h a f t :
    . Die e n g l i s c h e n M i g r a n t e n, die als Beamte die Kontrolle des oman-arabischen Herrschaftsbereiches in Ostafrika übernahmen.

    · Die o m a n - a r a b i s c h e n und a s i a t i s c h e n
      p o l i t i s c h e n und w i r t s c h a f t l i c h e n
      O b e r - und M i t t e l s c h i c h t e n und wenige
      Suaheli und Afrikaner, die

---

1) MIDDLETON, John and CAMPBELL, Jane, S. 10.

2) HOLLINGWORTH, Lawrence, William, Zanzibar under the Foreign Office. 1890 1913, London, 1953, S. 57. HOLLINGWORTH gibt als Quelle für das Zitat in diesem Zitat an: PORTAL to Ld. SALISBURY, Reports on the Zanzibar Protectorate (C-6955), Africa, No. 4 (1893) pp. 1-3.

3) LOFCHIE, Michael, F., Background, S. 58.

4) HOLLINGWORTH, Lawrence, William, 1953, S. 14.f.

durch Interaktionen mit den englischen Migranten akkulturiert wurden.

. In dieser Situation gab es k e i n e   a k k u l t u r i e r t e n   M i s c h l i n g e, da es zu keinem Konnubium zwischen Engländern und Autochthonen kam.

. E u r o p ä e r , vor allem Deutsche und Franzosen, und einzelne Nordamerikaner, die als Kaufleute mit den englischen Migranten in Interaktionen traten.

- Zu den n i c h t   a k k u l t u r i e r t e n   A u t o c h t h o n e n mußten gerechnet werden:

  . Ein Teil der oman-arabischen Mittelschichten.

  . Die oman-arabischen Unterschichten.

  . Die Hadramaut-Araber.

  . Die Schirazis (Suaheli).

  . Die Festland-Afrikaner, bei denen unterschieden werden mußte zwischen: Sklaven, die später freigelassen wurden; Zuwanderern vom Festland, die als Arbeiter in der Landwirtschaft beschäftigt waren.

- Die E n g l ä n d e r , die sich nur vorübergehend, vor allem als Kaufleute, seltener als Beamte, in dem Protektorat aufhielten.

Die koloniale Aneignung ist durch die Tatsache gekennzeichnet, daß spezielle Gesetze für die Kolonialgesellschaft, im besonderen für die Autochthonen, erlassen werden.[1]

Die Entwicklung einer kolonialen Herrschaftsorganisation ist einerseits abhängig von den Vorstellungen der dafür zuständigen politischen Instanzen der Metropolitan Society und andererseits von den entweder nicht, schwach oder voll ausgebildeten autochthonen politischen Strukturen. Bei der Kolonialisierung kommt es zur Entwicklung eines politischen Abhängigkeitsverhältnisses und zur Errichtung einer zentralen Herrschaftsorganisation, die die Verteilung und Kontrolle der Machtmittel inne hat. Es wird ein Regulierungssystem entwickelt, das auch Konflikte in autochthonen Systemen oder zwischen autochthonen Systemen schlichtet.

---

1) FRANCIS, Emmerich K., Interethnic Relations, Manuscript, Part IV, Chapter I, S. 7.

Das koloniale Herrschaftssystem übt die Kontrolle durch Personen aus, die dem eigenen System entnommen werden oder sich zumindest mit den Zielvorstellungen dieses Systems konform erklären. Dabei konnten die Engländer auf die autochthonen, arabischen Herrschaftsstrukturen zurückgreifen, wobei sie diese in ihr Verwaltungssystem eingliederten. Die Spitzen der autochthonen Herrschaftsstruktur wurden so zu Agenten oder Herrschaftsbeauftragten der Engländer, die damit die Verantwortung und Autorität auf sich übertrugen. Dabei muß von einer politischen Diskriminierung gesprochen werden, da die Herrschaftsbeauftragten nicht vom Willen der ihnen Untergebenen, sondern auch vom Willen der Engländer abhängig waren [1]. Es kommt so zu einer gewissen Lösung der autochthonen Herrschaftsspitze von den autochthonen Herrschaftsunterworfenen. Auf Sansibar bezogen bedeutet das, daß der Sultan von der englischen Kolonialverwaltung ausgewählt wurde, und nicht von den Arabern, die einen Teil der Autochthonen ausmachten. Der Sultan war also abhängig von der englischen, kolonialen Verwaltungszentrale, von der er seine Legitimation bezog, und nicht mehr von den ihm Untergebenen, über die er jede Einflußnahme, soweit sie nicht im Auftrag der Kolonialverwaltung geschah, verloren hatte. Auch die Möglichkeiten der Rechtsprechung, die ihm noch eine gewisse Zeit zugestanden worden waren, wurden ihm später genommen. Zusammenfassend kann man sagen, daß die Funktionen, die der Sultan ausüben konnte, fast vollständig eingeschränkt waren und seine Abhängigkeit von den Herrschaftsunterworfenen kaum mehr bestand.

Obwohl Sansibar ein Protektorat war, hatten die Engländer Exekutive, Verwaltung und Finanzen übernommen, so daß im Endergebnis die englische Position die gleiche war wie in einer Kolonie. Während der ersten Jahre des Protektorates mußten die Positionen im Civil Service[2] mit Europäern und Asiaten besetzt werden, da sowohl Araber wie Schirazis aufgrund mangelnder[3] Ausbildung unfähig waren, diese Positionen auszufüllen. Die Asiaten gründeten 1890 eine Schule. Die Engländer[4] errichteten 1904 ein Education Department und ernannten 1907 einen Director of Education.

Der Einfluß der englischen Kolonialverwaltung nahm mit der englischen Rechtssprechung zu. Sklaverei galt nach englischen Vorstellungen als Verbrechen und gab so - nach den englischen Rechtsvorstellungen - der Kolonialmacht die Legitimation, einzugreifen und ein Verbot der Sklaverei

---

1) FRANCIS, Emmerich K., Interethnic Relations, Manuscript, Part IV, Chapter I, S. 26.

2) HOLLINGWORTH, Lawrence, William, 1953, S. 215

3) GREGORY, Robert, C., India and East Africa: a History of Race Relations within British Empire, 1890-1939, Oxford 1971, S. 406.

4) Great Britain, Central Office of Information, Reference Pamphlet 60, London 1963, S. 18.

zu fordern. Da Gesetze immer geltende Normen und die dahinter stehenden Wertvorstellungen ausdrücken, kam es hier zu einem Normenkonflikt zwischen den Vorstellungen der autochthonen Araber einerseits und denen der englischen Metropolitan Society andererseits.

Die Rezeption [1] eines fremden Rechts stellt einen sozialen Prozeß dar, der in diesem Falle von der englischen Kolonialmacht ausgelöst wurde. Dabei handelt es sich um einen exogenen Wandel, der durch die Integrierung des fremden Kulturgutes in die übernehmende Gesellschaft erfolgte. Der Anstoß kam durch die englische Metropolitan Society, die von der Notwendigkeit überzeugt war, mit der autochthonen, arabischen Rechtstradition zu brechen und an deren Stelle ein Recht zu setzen, das den rechtlichen Vorstellungen der Kolonialmacht entsprach. Ein wichtiger Umstand ist für den Ablauf eines Rezeptionsprozesses entscheidend: die Reaktion, in diesem Falle des autochthonen, arabischen, sozialen Ordnungsgefüges auf den Regulierungsversuch mit dem importierten, d.h. englischen Geistesgut.

Bezogen auf diese Reaktion muß hier auf eine sehr interessante Auseinandersetzung zwischen der englischen Metropolitan Society einerseits und ihren Funktionären in der sansibarischen Protektoratsverwaltung andererseits hingewiesen werden.[2] So war die plötzliche Abschaffung der Sklaverei in Sansibar nicht das Ergebnis einer Entscheidung der englischen Protektoratsbeamten, wie HOLLINGSWORTH feststellt: "The men on the spot especially Rodd and Mathews were strongly opposed to any sudden and wholesale measure of abolition, which they considered would ruin the country.."[3]. Es wurde von dieser Seite befürchtet, daß die plötzliche und vollständige Abschaffung der Sklaverei im autochthonen sozialen Ordnungsgefüge zu unübersehbaren Folgen in politischer und wirtschaftlicher Hinsicht führen würde. Die Protektoratsbeamten kamen deshalb zu der Auffassung, "... that abolition should be delayed as long as possible, and that when it came it should be no gradual as to leave the clove industry, the source of the State's revenues, unaffected.[4] Andererseits begann die Anti-Slavery Society[5] in England schon bald nach der

---

1) HIRSCH, Ernst E., SS. 124-127 und 130 f.

2) FLINT, John, Edgar, XIII Zanzibar, in: HARLOW, Vincent and Chilver, E.M., assisted by SMITH, Alison (Eds.), History of East Africa, Vol. II, Oxford 1965, S. 647.

3) HOLLINGSWORTH, Lawrence, William, 1953, S. 135.

4) FLINT, John Edgar, S. 647.

5) "British policy in East Africa had been consistently defended both by the Conservative Government of Lord SALISBURY and by Lord ROSEBERY for the Liberal Government of 1892-5 (Fortsetzung der Fußnote 5 S.51)

Errichtung des Protektorates zu fordern, daß die Institution der Sklaverei in Sansibar aufgehoben würde, um den Schmuggel von Sklaven zu unterbinden. Als diesem Verlangen nicht stattgegeben wurde, kam es zu heftigen Protesten in England.[1]

1907 wurde ein Gesetz verabschiedet, das die Sklaverei verbot. Allerdings war die Beschäftigung von Sklaven keine strafbare Handlung, wie in den englischen Kolonien. Vielmehr mußte der Sklave zum District Court gehen und dort um die Aufhebung des Sklavenstatus nachsuchen.[2] Diesem District Court standen arabische Richter vor, die schlecht bezahlt wurden. Außerdem hingen diese Richter wie auch Beamte, was ihr Verbleiben im Amt betraf, vom guten Willen und der Laune des Herrschers ab. Unter diesen Umständen war es nicht überraschend, daß sie von Bestechung und Amtsmißbrauch lebten. Sogar ihre Urteile wurden häufig vom Sultan verworfen[3]. 1908 kamen die Gerichtshöfe des Sultans unter direkte Kontrolle von englischen Richtern.[4] Neben dem islamischen wurde das englische Recht eingeführt, was bis zur Unabhängigkeit im Jahre 1963 beibehalten wurde.

Die englische Kolonialverwaltung hatte auf die soziale Struktur gleichwohl einen stabilisierenden Effekt mit einer - allerdings - wesentlichen Ausnahme, der Aufhebung der Sklaverei. Der stabilisierende Effekt bestand darin, daß die elitäre Position der Araber im politischen und wirtschaftlichen Bereich (im letzteren als Pflanzungsbesitzer, die aber allmählich

---

(Fortsetzung der Fußnote 5 von Seite 50)...on the ground that it was a policy directed mainly against slavery and the slave trade. These arguments had ensured support for imperial expansion from religious groups in England, where both the Anglican and the Nonconformist churches were still powerful influences upon the electorate." FLINT, John, Edgar, S. 647.

1) Ebd.; siehe dazu auch: KIMBERLY to HARDINGE (tel.), 9. Mar. 1895 F.O. 107/40; HOLLINGSWORTH, Lawrence, William 1953, S. 133-137.

2) FLINT, John, Edgar, S. 647.

3) HOLLINGSWORTH, Lawrence, William, 1953, S. 58; HOLLINGSWORTH gibt als Quelle einen Bericht von PORTAL an SALISBURY an. Siehe dazu: PORTAL to Ld. SALISBURY, 9 September 1891, F.O. 84.21.49, No. 245.

4) VAUGHAN, John, Henry, The Dual Jurisdiction in Zanzibar, Government Printer, Zanzibar 1935.

immer mehr in finanzielle Abhängigkeit von den Asiaten gerieten) beibehalten wurde[1]. Die vorkolonialen politischen Strukturen blieben weitgehend bestehen, da die Aufnahme in das englische koloniale System in der gleichen Rangfolge erfolgte, wie in dem vorkolonialen politischen - mit anderen Worten: Die vorkoloniale Diskriminierung hielt weiter an. Die Engländer sahen nach FLINT "... the country not as one society, but as separate communities, The population was labelled by race, and race denoted function ..."[2]

Trotz der Position, die England als Kolonialmacht hatte, muß zugegeben werden, daß Sansibars verfassungsmäßiger Status als arabisches Sultanat einen tiefgreifenden Einfluß auf die Kolonialregierung hatte, d.h. England ermöglichte es den Arabern, eine entscheidende Rolle in der Verwaltung zu spielen.[3] Der Sultan fand sich mit der ihm auferlegten Herrschaftsbeschränkung nicht ab und forderte ein Mitspracherecht bei der englischen Kontrollausübung. Er protestierte, als 1913 die Verwaltung von Sansibar von dem Foreign Office auf das Colonial Office überging und der Gouverneur von Englisch-Ostafrika zugleich High Commissioner von Sansibar wurde.

Bei dieser Umstellung wurde das bisherige System einer doppelten Verwaltung, bei der der erste Minister die Spitze der Regierung des Sultans bildete und daneben noch die Protektoratsverwaltung bestand, aufgegeben. Nun blieb nur noch der englische Resident, der das Amt des ersten Ministers und des General-Konsuls innehatte[4]. Dem Protest des Sultans, daß er von der Mitsprache bei der englischen Herrschaftsausübung ausgeschlossen sei, kam die englische Regierung entgegen, als sie 1914 einen Protectorate Council einrichtete und den Sultan als Präsidenten und den englischen Residenten als Vizepräsidenten bestimmte. Wie HOLLINGSWORTH berichtet, war der Council "... not vested with legislative authority, but was to consult and advice His Highness on all questions brought up for consideration by the British Resident."[5]

Die Entscheidung der englischen Kolonialmacht, in den Protectorate Council neben den Engländern vier arabische und asiatische Repräsentanten aufzunehmen und Schirazis und Festland-Afrikaner von der Repräsentation auszuschließen, sollte sich folgenschwer für die Zukunft erwei-

---

1) LOFCHIE, Michael F., Background, S. 52.

2) FLINT, John, Edgar, S. 65.

3) LOFCHIE, Michael F., Background, S. 59.

4) Siehe dazu: Zanzibar Annual Report for 1914, Cd. 7622-94 (1915) zitiert bei FLINT, John, Edgar, S. 656.

5) HOLLINGSWORTH, Lawrence, William, 1953, S. 210

sen und ließ Zweifel an der demokratischen Einstellung der Kolonialmacht aufkommen.

In der Möglichkeit der Anhörung des Sultans und der Entwicklung des Protectorate Council muß auch ein gewisser Wandel der kolonialen Herrschaftsorganisation gesehen werden. Der Protectorate Council war der erste Schritt, das Protektorat zu einer staatlichen Unabhängigkeit zu führen und zwar mit Institutionen, die dem Vorbild der Metropolitan Society entnommen werden sollten. So zeigen sich bereits hier die ersten Vorzeichen des später beginnenden Dekolonisierungsprozesses im politischen Bereich.[1]

Mit Errichtung des Protectorate Council setzte die Phase der beginnenden Dekolonisierung ein, da damit die Beteiligung der Autochthonen an der englischen kolonialen Kontrollausübung begann. Unter Dekolonisation werden jene Wandlungsprozesse verstanden, die eine Kolonie zu einem selbständigen Staat führen und zwar dem modernen Nationalstaat. Da sich bei der Dekolonisierung die Metropolitan Society im Zustand einer demotischen oder ethnischen Nation befindet, stellt der sich loslösende Teil der Kolonialgesellschaft die Forderungen nach einer Nation. Das soll heißen, daß die Forderungen einerseits nach dem Nationalitätsprinzip gestellt werden (ethnische und staatliche Grenzen sollen sich decken) und andererseits nach dem demokratischen Prinzip (demokratische Beziehungen zwischen Herrscher und Herrschaftsunterworfenen). Das Territorium ist durch die koloniale Verwaltungseinheit vorgegeben, die für alle auf ihrem Territorium Lebenden einen einheitlichen Identifikationsrahmen geschaffen hat. Damit war die Voraussetzung gegeben, daß nach der Unabhängigkeit die Staatsbevölkerung zu einer nationalen Einheit umgeformt werden konnte, d.h. die Nationwerdung mußte erst vollzogen werden.

Ehe auf die im politischen Bereich in Sansibar sich entwickelnden Dekolonisationsprozesse eingegangen wird, sollen jedoch erst die Begriffe Nationwerdung und Nation geklärt werden.

---

[1] FLINT, John, Edgar, S. 656; Zanzibar Annual Report for 1914, S. 28-30; Zanzibar Protectorate Council Decree, 1914; LOFCHIE, Michael F., Background, S. 63.

D. ZUR THEORIE DER NATIONWERDUNG UND DER NATION

Mit Hilfe der Analyse der Nationwerdung in Europa soll im folgenden die Nationwerdung in Außereuropa und damit auch in Sansibar geklärt werden.[1] Dabei wird die Phase[2] des absoluten Staates in Europa mit der Phase des kolonialen Staates verglichen. Denn sowohl in den Gesellschaften, in denen sich unter dem Einfluß des Absolutismus das Werden der modernen Nation vollzog, wie in denen ehemaliger kolonialer Verwaltungsgebiete und nun selbständiger Staaten, läßt sich eine Sozialstruktur feststellen, deren Zusammenhalt auf "Verwandschaft" und "gemeinsamer Abstammung" beruht.

Die Verwaltungsstrukturen sowohl des absoluten Staates wie der Kolonie führten zur Änderung des Identifikationsrahmens und boten die Voraussetzungen für die Homogenisierung der Bevölkerung. Der demotische Nationalismus setzte diesen Prozeß fort, so daß die in einem Nationalstaat politisch organisierte Gesellschaft dann der Umformung in eine Nation unterlag. Dabei muß allerdings zwischen dem demotischen Nationalismus, wie er in Westeuropa entstand und dem demotischen Nationalismus, wie er in ehemaligen kolonialen Verwaltungsgebieten und nun selbständigen Staaten auftritt, unterschieden werden. Denn im letzteren Falle ist die Nationwerdung im demotischen Sinne noch gar nicht vollzogen, d.h. die Bevölkerung ist als Nation noch nicht existent und die Ergebnisse dieser Nationwerdung müssen erst noch abgewartet werden. Anhand dieser Konzepte wird dann der Entstehung und Unterscheidung der verschiedenen Nationalismen in Sansibar nachgegangen.

Die während der Dekolonisationsprozesse in Sansibar sich entwickelnden Nationalismen versuchten, ihre politischen Ideen in die soziale Wirklichkeit[3] umzusetzen, d.h. ihre Wertmaßstäbe und Verhaltensnormen sollten handlungsrelevant für die sansibarische Gesellschaft werden. Jedoch in der multiethnischen Gesellschaft Sansibars hatte der Nationalismus einen sehr komplexen Charakter.[4]

---

1) FRANCIS, Emmerich K., The Ethnic Factor in Nation-building, Social Forces, Vol. XLVI, 1968, S. 338. Die Darstellung in diesem Aufsatz bezieht sich auf Länder im subsaharischen Afrika, die früher vor allem unter englischer Herrschaft standen.

2) Ebd., S. 342 ff.

3) FRANCIS, Emmerich K., Ethnos und Demos, Soziologische Beiträge zur Volkstheorie, Berlin 1965, S. 62.

4) CAMPBELL, Jane, Multiracialism and Politics in Zanzibar, Political Science Quarterly, Vol. LXXVII, 1962, S. 72.

Unter dem Druck der Diskriminierung und Ausbeutung, zuerst durch die
Araber und dann durch die Engländer, kam es letzten Endes zur Entwicklung eines gemeinsamen Identifikationsbezuges, der die autochthonen Suahelis mit den nach Sansibar eingewanderten Festland-Afrikanern verband.
Dabei bildete sich ein afrikanischer Nationalismus, der mit dem arabischen in Konkurrenz trat.

Bei dem Begriff Nation wird zwischen folgenden Bedeutungsinhalten[1] unterschieden:

- "Kulturnation", "Sprachnation" u.a. werden zwar als politische Ideen historisch wirksam, eignen sich aber als analytische Begriffe nicht dazu, die soziale Wirklichkeit darzustellen[2]. Sie werden unter dem Begriff "Kulturnation" behandelt.

- "Staatsnation" als das gesellschaftliche Substrat eines demokratischen Nationalstaates.[3]

Der moderne Begriff der Nation "... erhält seine spezifische Bedeutung erst in den politischen Machtkämpfen und ideologischen Auseinandersetzungen, die den Übergang vom Absolutismus zur Demokratie kennzeichnen. Hier dient er zur Abgrenzung jenes Personenkreises, der zuerst neben dem Fürsten, dann an dessen Stelle die Geschicke des Staates bestimmen soll."[4] Das gesellschaftliche Substrat eines demokratischen Nationalstaates wird als Staatsnation oder Demos bezeichnet. Das Demos ist danach die staatstragende Bevölkerung, die nach demokratischen Prinzipien diejenigen bestimmt, die die politische Herrschaft ausüben sollen. Durch sie wird die staatstragende Bevölkerung im Namen des Ganzen und für das Ganze an den Entscheidungen beteiligt[5]. Während also als Demos

---

1) Der deutsche Begriff der Nation als Kulturnation und der westliche Begriff als Staatsnation wurden im wesentlichen durch MEINECKE, Friedrich, Weltbürgertum und Nationalstaat, München und Berlin 1908, entwickelt.

2) FRANCIS, Emmerich K., 1965, S. 86.

3) Ebd., S. 77.

4) Ebd., S. 75 f.

5) Ebd., S. 77.

oder Nation jene verstanden werden, in deren Namen und um deretwillen Herrschaft ausgeübt wird, versteht man unter Staat die institutionellen Beziehungen, die diese Herrschaft ermöglichen.

Der Nationalstaat ist:

- eine politische Ideologie und eine gedachte Herrschaftsordnung, die nur wirksam werden kann, wenn sie von denen, die eine Nation bilden sollen, als verbindliche Deutung der Wirklichkeit übernommen wird;

- eine soziale Realität der Herrschaftsbeziehungen, die in dieser Gesellschaft wirksam sind.[1]

Im weiteren wird unter Nation die Staatsnation verstanden. Nach FRANCIS setzt "... die Verwirklichung des demokratischen Prinzips ... zwar das Vorhandensein eines Demos als des legitimen Trägers des politischen Willens voraus, verlangt aber durchaus nicht dessen ethnische Homogenität."[2]

I. Die nationale Idee - der Nationalismus

Unter Nationwerdung wird ein sozialer Wandel verstanden, der zu einem bestimmten historischen Typ einer politisch organisierten Gesellschaft, der modernen Nation, führt. Die moderne Nation soll ein soziales Gebilde sein, das den Vorstellungen der nationalen Idee entspricht. Diese Idee versucht die soziale Bewegung des Nationalismus in die Wirklichkeit umzusetzen. Dabei müssen verschiedene Nationalismen unterschieden werden.[3]

Eine wissenschaftliche Analyse des Begriffes Nation muß deshalb folgende Unterscheidungen berücksichtigen:

- Die nationale Idee, die die soziale Bewegung des Nationalismus zu verwirklichen sucht.

- Das soziale Gebilde, das den Vorstellungen dieser nationalen Idee entspricht.[4]

---

1) FRANCIS, Emmerich K., 1965, S. 87 f.
2) Ebd., S. 77.
3) Ders., 1968, S. 339.
4) Ders., 1965, S. 61 f.

FRANCIS vertritt dazu folgende Ansichten:

"Ideale Entwürfe einer richtigen Ordnung und die ihrer Rechtfertigung dienenden Ideologien erhalten jedoch ihre eigentlich soziologische Relevanz erst. sobald sie als gültige Wirklichkeitsdeutungen, Wertmaßstäbe und Verhaltensnormen in das soziale Leitbild einer Gesellschaft Eingang gefunden haben, also Bestandteil ihrer gedachten Ordnung geworden sind."[1]
Je nach Ort und Zeit[2] unterliegt der Realbezug, der in der nationalen Idee enthalten und keineswegs eindeutig ist, wesentlichen Schwankungen. Seine Verschiedenheit ruft die Widersprüche und die Konflikte hervor, die sich immer wieder ergeben, wenn versucht wird, die nationale Idee in die politische Praxis und damit in den nationalen Staat umzusetzen. Politische Bewegungen wie der Nationalismus haben die Absicht, die politische Ordnung umzugestalten.

Eine soziale Bewegung soll nach TURNER und KILLIAN als ein sozialer Prozeß betrachtet werden "... bei dem große, zunächst nicht spezifisch miteinander verbundene Bevölkerungsteile durch die Einwirkung einer Kerngruppe, die eine neue soziale Ordnung anstrebt, dazu veranlaßt werden, sich mit dieser Kerngruppe und ihren Zielen zu identifizieren, deren Anweisungen zu folgen und schließlich durch kollektive Aktion unter Führung der Kerngruppe zu versuchen, den erwünschten Zustand herbeizuführen. Im Mittelpunkt steht dabei das Ideal einer besseren Ordnung und deren ideologische Legitimierung."[3] HEBERLE[4] ist der Ansicht, "daß die im eigentlichen Sinne s o z i a l e n Bewegungen auf tiefgehende und umfassende Änderungen der gesamten Gesellschaftsordnung abzielen." Die sozialen Bewegungen[5] des Altertums und des Mittelalters erkannten im Prinzip die bestehende Ordnung an und waren nur daran interessiert, die Mißstände zu beseitigen, die dadurch entstanden waren, daß die Herrschenden die bestehende Ordnung verletzten. Die sozialen Bewegungen der Neuzeit dagegen versagen der bestehenden sozialen Ordnung die Anerkennung. Sie haben einen rationalistischen Charakter"... insofern sie entweder an die Vernunft appellieren, um ihre Zukunftsgesellschaft zu verwirklichen, oder sich auf wissenschaftliche Erkenntnis der Gesetze 'historischer Entwicklung' berufen."[6]

---

1) FRANCIS, Emmerich K., 1965, S. 62.

2) Ebd., S. 88.

3) FRANCIS, Emmerich K., 1965, S. 66; TURNER, Ralph H., and KILLIAN, Lewis, M., Collective Behaviour, New York 1957.

4) HEBERLE, Rudolf, Hauptprobleme der Politischen Soziologie, Stuttgart 1967, S. 8.

5) Ebd., S. 15.

6) Ebd.

II. Die verschiedenen Nationalismen und die Nationwerdung in Europa und Außereuropa

In Europa entstand unter dem Einfluß des Absolutismus die moderne Nation. Der zentralistische Staat[1] hat durch Einschmelzung heterogener Bevölkerungen mittels Verwaltungsvereinfachung die Voraussetzung für die homogene Einheit der modernen Nation geschaffen. Während im absoluten Fürstenstaat der Staat gleich Leistung des Fürsten und seiner Berater war, blieben die Herrschaftsunterworfenen abgesondert und ohne Mitspracherecht. Aus den Auseinandersetzungen mit dem absoluten Staat - seiner Idee wie seiner sozialen Wirklichkeit - entstand das Bild des Nationalstaates, in dem die Herrschaft nur mit Beteiligung und Zustimmung der Beherrschten ausgeführt werden soll. In diesem Nationalstaat werden dem Herrscher und der Exekutive Vertreter der Herrschaftsunterworfenen beigegeben; außerdem wird die Rechtssprechung unabhängig. Die Staatsorgane üben im Namen der Nation nach verfassungsmäßigen Vorschriften ihre Herrschaft aus, wobei die nationale Begründung des demokratischen Staates auf dem Prinzip der Volkssouveränität liegt.

Als Souverän tritt an die Stelle des Fürsten eine Kollektivität, durch deren Willen der Herrschaftsverband legitimiert wird. Eine Nation, die auf diesem Wege entstanden ist, ist im allgemeinen ethnisch heterogen. Ihre Gründung ist auf den Staat bezogen. Ihr Demos ist eine im Werden begriffene Einheit, die sich gegen den fremden Zwang auflehnt, um selbst die Herrschaft auszuüben. Die Wandlung der Staatsbevölkerung in ein Demos liegt wesentlich in der Struktur des modernen Staates begründet und ist Folge weder der absolutistischen noch der nationaldemokratischen Idee. Die komplizierten sozialen Vorgänge der arbeitsteiligen Gesellschaft und die rationale Verwaltung durch Berufsbeamte verlangen die Koordinierung nach Zweck und Leistung. Die Verwaltung tritt mit dem Einzelnen in Verbindung und schaltet die bisherigen vorhandenen sozialen Gliederungen aus. An die Stelle der bisherigen mit Vorrechten ausgestatteten territorialen und personalen Einheiten treten neue der administrativen Technik angepaßte Einheiten. Damit fallen frühere soziale Gliederungen; die demotische Nivellierung breitet sich aus, die aber um der Kommunikation willen einer einheitlichen Schriftsprache bedarf.

Die Grenzen der zukünftigen Nation wurden immer von einem Herrscher von außen festgelegt. So wurde von einer Kolonialmacht ein Gebiet zu einer Verwaltungseinheit zusammengefaßt, eine soziale Einheit, aus der sich

---

1) FRANCIS, Emmerich K., 1965, S. 91-96; siehe dazu auch: ZIEGLER, Heinz O., Die moderne Nation, Tübingen 1931.

später die jungen Nationen entwickelten. Entweder herrschte der Despot selbst im Lande oder er übte von außerhalb jenseits von Grenzen und Meeren seine Macht aus.[1]

Die Phase[2] des absoluten Staates wird nun mit der Phase der Kolonialmacht verglichen und gleichgesetzt.

- Das Territorium wird entweder vom fremden Herrscher oder der Kolonialmacht vorgeformt.

- Kommunikation und Verkehr werden verstärkt und eine rationale Verwaltung und Institutionen geschaffen, die von Agenten des Herrschers oder der Kolonialmacht oder lokalen Kollaborateuren besetzt werden.

Während der Nationalismus sich auf die politisch organisierten Forderungen der modernen Gesellschaft an den modernen Staat bezieht, wird dieser Staat als Teil des Modernisierungsprozesses angesehen. Die Strukturen des Verwaltungsstaates sind die Voraussetzungen für die Homogenisierung der Bevölkerung und damit auch der Nationwerdung.

Hier setzt der demotische Nationalismus an. Bestehende politische Einheiten wurden intakt gelassen und ihre Führung in die rationale Verwaltung eingegliedert oder, wenn nicht vorhanden, neu geschaffen. Die Urbanisierung in Europa kann mit der Entstehung von städtischen Zentren in den kolonialen Gebieten verglichen werden. Sie zogen die Landbevölkerung an und desintegrierten sie aus ihren ethnischen Gebilden.

Damit begann der Prozeß der Umformung und Integrierung in die neue Kolonialgesellschaft und damit auch ihre Homogenisierung, die durch die Schule betrieben wurde. Sie nur garantierte die soziale Mobilität, d.h. den Aufstieg in die neue Führungsspitze und machte den Einfluß westlicher Ideologien möglich. Der sich entwickelnde Nationalismus zeigte vornehmlich die Merkmale des demotischen Nationalismus, da dieser bei den Kolonialmächten vorherrschend war. Es war nun die Aufgabe der einheimischen Elite, diese Idee in der Gesellschaft zu verbreiten. FRÖHLICH[3] betrachtet - da England und Frankreich historisch die ersten Nationalstaaten waren - den französischen und englischen Nationalismus als den originären

---

1) FRANCIS, Emmerich K., 1965, S. 93.

2) Ders., 1968, S. 341.

3) FRÖHLICH, Dieter, Nationalismus und Nationalstaat in Entwicklungsländern, Meisenheim am Glan 1970, S. 63.

und sieht ihn durch folgende Kriterien gekennzeichnet:

- Er entwickelt sich innerhalb einer relativ komplexen Gesellschaft, d.h. die nationale Gemeinschaft[1] entsteht in den Grenzen der Gesellschaft.

- Gesellschaft und nationale Gemeinschaft entwickeln sich generell in den Grenzen eines bestehenden Staates.

- Der Inhalt, das Definitionskriterium dieses Nationalismus, wurde in der Auseinandersetzung um innenpolitische Autoritäts- und Herrschaftsfragen entwickelt, d.h. der Inhalt der Selbstidentifikation im originären Nationalismus bezieht sich auf die innere politische und soziale Organisation der Gesellschaft.[2]

In Frankreich und England war die Entwicklung, die zu einer arbeitsteiligen Verknüpfung von wirtschaftlich ziemlich autarken Einheiten führte, bereits weit fortgeschritten, als gegen Ende des 18. Jahrhunderts der Nationalismus zum ersten Mal in diesen Staaten auftrat. In einem Prozeß, der Jahrhunderte dauerte, waren die Grundlagen zu einem Wirtschaftssystem, der industriellen Wirtschaft, gelegt worden, was zu tiefgreifenden Veränderungen der sozialen Struktur führte. Es entstand die komplexe Gesellschaft. Nach LUHMANN beruhen einfache Gesellschaften "... in ihrer Erwartungssicherheit auf personalen Rollenkombinationen. ... Die Rollenausführung in ausdifferenzierten Systemen muß dagegen auf das Verhalten unter Rollenpartnern einreguliert und davon unabhängig gemacht werden, welche anderen Rollen die Partner sonst noch wahrnehmen. ... Die Ausdifferenzierung des politischen Systems wird primär auf der Ebene der Rollen vollzogen."[3] In komplexen Gesellschaften werden die Handlungszusammenhänge[4] kausal und nicht mehr kosmisch oder symbolisch begriffen. Der Weg für eine relative gesellschaftliche Autonomie des politischen Systems ist frei. Historisch gesehen war die Sicherung dieser Autonomie ein an Rückschlägen reicher und langwieriger Entwicklungsprozeß, der erst in den europäischen Nationalstaaten Vorformen einer stabilisierenden Lage erreichen konnte. Daraus kann geschlossen werden, daß von der Struktur der Gesellschaft her gesehen sehr komplizierte Vorbedingungen gegeben sein müssen.

---

1) Unter nationaler Gemeinschaft muß hier die Staatsnation oder das Demos verstanden werden.

2) FRÖHLICH, Dieter, S. 63.

3) LUHMANN, Niklas, Soziologische Aufklärung, Opladen 1970, S. 155.

4) Ebd., S. 156 f.

Der Nationalismus verbreitete sich nach seinem Entstehen in Frankreich und England über Europa aus, wobei seine territoriale Ausdehnung zeitlich dem Grad der Differenzierung der kontinentaleuropäischen Gesellschaft folgt. FRÖHLICH nennt diesen Nationalismus, wie er z.B. in Deutschland und Italien auftrat, den sekundären Nationalismus,[1] der folgende Kriterien aufweist:

- "Die relativ komplexe Gesellschaft und gesamtgesellschaftliche Selbstidentifikation (Nationalismus) gehen dem Staat voraus. Der Nationalstaat ist eine Folge aus beiden.

- Der sekundäre Nationalismus ist in seinen Anfängen eine inhaltlich wenig geglückte Imitation des primären Nationalismus, basierend auf dem Sprachkriterium.

- Durch die Orientierung am primären Nationalismus durchläuft der sekundäre Nationalismus eine Phase starker Identitätskrisen, die zu einem apologetischen, sich selbst rechtfertigenden Selbstbild, zu einem sehr negativen Fremdbild und zu aggressivem Verhalten gegenüber Fremdgruppen führt."[2]

Das Wesentliche des sekundären Nationalismus liegt darin, daß das Vorbild des primären Nationalismus in Bezug auf das Kriterium der Selbstidentifikation mißverstanden wurde. Den übernehmenden Gesellschaften stellten sich die englische und französische Nation als vorwiegend sprachlich homogene Staaten dar. Außerdem wurde von den politisch herrschenden Eliten aus Mangel an demokratischer Erfahrung die Übernahme des institutionell-politischen Kriteriums des originären Nationalismus unterlassen.[3] So wurde, da die Sprache als Nationalitäts-Kriterium ideologisiert worden war, die Grenzziehung für die neu zu bildenden Nationen entlang der Sprachgrenzen gefordert.[4]

Die Entstehung[5] eines dritten Nationalismustyps kann in der unmittelbaren Vergangenheit und in der Gegenwart beobachtet werden. Das Kriterium dieses Nationalismus, des tertiären Nationalismus, liegt darin, daß hier der Staat bestand, ehe es zur Bildung der komplexen Gesellschaft und somit auch des Nationalismus kam. Die Nation ist noch nicht existent,

---

1) FRÖHLICH, Dieter, S. 64.

2) Ebd., S. 70. Der Begriff Sprachnation gehört in den Bereich der politischen Ideologie. Siehe dazu: FRANCIS, Emmerich K., 1965, S.81.

3) FRÖHLICH, Dieter, S. 63 f.

4) Ebd., S. 69.

5) Ebd., S. 70 ff.

sie soll aufgebaut werden, d.h. innerhalb der territorialen Grenzen eines bestehenden Staates soll eine komplexe Gesellschaft mit einer entsprechenden sozialen Selbstidentifikation geschaffen werden, die Nationwerdung soll vollzogen werden, wobei der Erfolg keineswegs sicher ist. Es muß der Versuch unternommen werden, zu einer horizontalen Integration zu kommen, d.h. verschiedene ethnische Gebilde zum innerstaatlichen Gewaltverzicht zu bringen und zu integrieren. Die neue Einstellung zum Staat als Institution und die horizontale Integration stehen aber in Beziehung zu einem dritten Problem, dem der Notwendigkeit einer wirtschaftlichen Entwicklung in Richtung einer industriellen Wirtschaft. Die wirtschaftliche Entwicklung und die mit ihr konform gehende strukturelle Differenzierung schaffen die Basis zu einer veränderten Einstellung gegenüber der politischen Institution des Staates.

Der Darstellung von FRÖHLICH, der die Nationalismen in ein Kontinuum einordnet, das sich aus der Entwicklung eines Nationalismus aus dem anderen ergibt, sollen nun die Ansichten von FRANCIS[1] entgegengestellt werden. Er unterscheidet zwischen dem demotischen, dem ethnischen und dem restaurativen Nationalismus.

Der demotische oder radikale Nationalismus versucht, die nationale Gesellschaft, das Demos, zu schaffen. Seine nationale Idee[2] ist an dem Verhältnis des staatlichen Apparates zu den seiner Herrschaft Unterworfenen - dem Demos, als dem gesellschaftlichen Substrat des Staates - interessiert. Er wird von jenen getragen,[3] die vom absoluten Staat mobilisiert wurden und die diesen nun in den Nationalstaat transformieren. Die kulturelle und ethnische Homogenisierung, die im absoluten Staat begonnen wurde, setzt sich fort. Es wird versucht, die Beherrschten von dem despotischen Willen des Herrschers zu befreien, die Souveränität des Herrschers durch die Volkssouveränität zu ersetzen.

Der Begriff demotischer Nationalismus beinhaltet bei FRANCIS einerseits den Begriff des originären Nationalismus und andererseits den Begriff des tertiären Nationalismus von FRÖHLICH[4]. Im weiteren wird der Begriff demotischer Nationalismus als Oberbegriff genommen und findet folgende Unterteilung:

---

1) FRANCIS, Emmerich K., Interethnic Relations, Manuscript, Part II, Chapter III.

2) Ders., 1965, S. 90 f.

3) Ders., 1968, S. 340 f.

4) Die Gleichsetzung der Begriffe tertiärer und ethnischer Nationalismus bildet eine Ausnahme und trifft z.B. in Afrika nur für Somalia zu, wo man von einer werdenden "ethnischen Nation" sprechen kann.

- Der originäre Nationalismus: seine Zielvorstellung war einerseits der demokratische Staat, der auf dem Prinzip der Volkssouveränität gründet und aus dem sich andererseits die Wandlung der ethnisch heterogenen Staatsbevölkerung in ein Demos, d.h. in eine Nation vollzog. Der Begriff des originären Nationalismus bleibt den Nationen Frankreich und England vorbehalten, da dort die Idee dieses Nationalismus entstanden ist.

- Der tertiäre Nationalismus: seine Zielvorstellung ist ebenfalls die demotische Nation. Er tritt in den ehemaligen Kolonien auf, die nun zwar selbständige politische Einheiten geworden sind, deren Bevölkerung aber als Nation noch nicht existent ist und erst aufgebaut werden soll, d.h. die Nationwerdung im demotischen Sinne muß erst vollzogen werden und die Ergebnisse müssen erst abgewartet werden.

Dem Nationalitätsprinzip entspricht der ethnische Nationalismus. Während in ethnischen Gebilden[1] den Beteiligten die Strukturzusammenhänge nicht bewußt werden müssen, werden sie nun aber politisch relevant. Es tauchen Gedankengebilde auf, die zur Wandlung der gesellschaftlich-politischen Wirklichkeit beigetragen haben.

Der restaurative oder regionale Nationalismus fordert die Unabhängigkeit früherer selbständiger politischer Einheiten. Er wird von konservativen Kräften getragen, wie der Aristokratie oder dem Klerus, die mit nationalen Argumenten ethnischer oder demotischer Art versuchen, ihre Forderungen zu erreichen.[2] Für die Zwecke dieser Untersuchung wird im weiteren auf den demotischen Nationalismus tertiären Typs, den ethnischen und den restaurativen Nationalismus eingegangen.

III. Überlegungen zum Begriff der Nationwerdung und der Nation in den neuen Staaten Afrikas

1943 hatten die englischen Konservativen[3] und 1948 die englische Labour-Regierung erklärt, daß sie beabsichtigten, den Kolonien im Rahmen des Commonwealth die Unabhängigkeit zu geben. Die Engländer waren der Auffassung, daß eine parlamentarische Demokratie, wie in ihrem eigenen Lande, nur dann praktiziert werden kann, wenn eine breite Mittelschicht

---

1) FRANCIS, Emmerich K., 1965, S. 89 f.

2) Ders., 1968, S. 341.

3) Zanzibar Protectorate, Report of the Constitutional Commissioner, Zanzibar 1960, S. 4.

vorhanden ist.[1] Sie waren davon überzeugt, daß die Macht nur an eine "experienced ruling class" übertragen werden konnte.

So äußerte sich der Constitutional Commissioner in einem Bericht über Sansibar folgendermaßen: "There is but little indication of the development of this class in the African section of the community. It must be encouraged to develop."[2]

Das englische Colonial Office war der Meinung,[3] daß einer Kolonie erst dann die Unabhängigkeit gewährt werden könnte, wenn die Verhandlungen über die Verfassung zu einem für die Engländer befriedigenden Ergebnis geführt haben. Das befriedigende Ergebnis bestand darin, daß "... the constitution was to be the means whereby Britain's historic colonial responsibilities of trusteeship of the underdeveloped and protection of the minorities was to be finally and honourably discharged."[4]

Die englischen Kolonien[5] West- und Ostafrikas folgten in ihren Unabhängigkeitsverfassungen dem Westminster-Modell. Bei dem Westminster-Modell sind nach De Smith Staatsoberhaupt und Vorsitzender der Regierung nicht identisch. "... the effective head of government ist a Prime Minister presiding over a Cabinet composed of Ministers over whose appointment and removal he has at least a substantial measure of control in which the effective executive branch of government is parliamentary inasmuch as Ministers must be members of the legislature; and in which Ministers are collectively responsible to a freely elected and representative legislature."[6]

---

1) Zanzibar Protectorate, Report of the Constitutional Commissioner, Zanzibar 1960, S. 11.

2) Ebd.

3) McAUSLAN, J.P.W.B., The Evolution of Public Law in East Africa in the 1960s, Pulic Law, 1970, S. 12.

4) Ebd., S. 12.

5) GOWER, Lawrence, Cecil, Bartlett, Independent Africa. The Challenge to the Legal Profession, Cambridge, Mass. 1967, S. 15.

6) DE SMITH, Stanley, Alexander, Westminster's Export Models: The Legal Framework of Responsible Government, Journal of Commonwealth Political Studies, Vol. I, 1961, S. 3.

Das englische Colonial Office[1] war der Meinung, daß in den Unabhängigkeitsverfassungen die Exekutive beschränkt und kontrolliert werden müßte. Von Seiten der Engländer bestand ein gewisses Mißtrauen jenen afrikanischen Politikern gegenüber, die nun die Macht übernehmen sollten. Außerdem wollte man den Minoritäten einen gewissen Schutz zukommen lassen.

McAUSLAN kommt demgegenüber zu der Auffassung,[2] daß gerade das Gegenteil, nämlich eine Stärkung der Exekutive, das Gebot der Stunde gewesen wäre, da die einsetzende Modernisierung ein Höchstmaß an Handlungsfähigkeit verlangte. Als Beweis für seine Ansichten führt McAUSLAN die Entwicklung an, die die Verfassungen nach der Unabhängigkeit genommen hätten, d.h. Entfernung von den vereinbarten Verfassungen und damit von dem Westminster-Modell in Richtung einer mehr oder minder alleinigen Herrschaft der Exekutive, was zu einer gewissen Ähnlichkeit mit den Praktiken der Kolonialzeit führte. Die Exekutive festigt ihre Position häufig aus dem Notrecht durch einen administrativen Freiheitsentzug, um so Opposition und Kritik auszuschalten. Außerdem kann die vollziehende Gewalt Gesetzgebung und Rechtspflege manipulieren oder gegeneinander ausspielen.

Später soll darauf eingegangen werden, inwieweit eine stärkere Berücksichtigung der Exekutive in den Unabhängigkeitsverfassungen oder inwieweit die Verfassungsentwicklung der neuen Staaten in Richtung einer Überbetonung der Exekutive den Beweis erbringen kann, daß die Modernisierung eine starke Exekutive verlange. Oder sind daneben nicht doch andere Gründe, oder vielleicht überhaupt nur andere Gründe dafür maßgebend? Kann nicht unter Umständen die Ausschaltung der Opposition und damit Ausschaltung eines Teiles der Gesellschaft den Modernisierungsprozeß verlangsamen? Oder verlangt diese soziale Situation doch eine wesentlich differenziertere Analyse, als die, die Mc AUSLAN vorgenommen hat?

Mit der Unabhängigkeit Ghanas[3] im Jahre 1957 - es war die erste englische Kolonie in Afrika, die ihre Unabhängigkeit erlangte - begann ein Jahrzehnt des häufigen Verfassungswechsels in Afrika, wobei die Absichten Englands zunichte gemacht wurden.

Die Bedeutung der Unabhängigkeitsverfassungen lag darin, daß neue Werte und Normen eingeführt wurden, die im Zusammenhang mit der liberalen Demokratie und dem Konstitutionalismus, d.h. der Beschränkung der

---

1) McAUSLAN, J.P.W.B., S. 12.

2) Ebd., S. 18 f., 158 f.

3) Ebd., S. 5 ff.

Exekutive, standen. Aber auch im ersten Jahre wurden z.B. in den Verfassungen Ostafrikas von den neuen Staaten fundamentale Veränderungen vorgenommen.

Das Westminster Modell und andere liberal-demokratische politische Systeme sind unter bestimmten historischen Bedingungen entstanden und haben besondere Institutionen ausgebildet. Die Rezeption eines fremden politischen Systems stellt einen sozialen Prozeß dar, wobei es sich um die Auslösung eines exogenen Wandels handelt, der durch die Integrierung des fremden Kulturgutes in die übernehmende Gesellschaft vollzogen wird. Mit anderen Worten: die englische Kolonialmacht hatte z.B. ihren ostafrikanischen Kolonien bei der Unabhängigkeit Verfassungen gegeben, die den politischen Vorstellungen der Engländer entsprachen.

Im Ablauf eines Rezeptionsprozesses erfolgte eine Reaktion des aufnehmenden sozialen Ordnungsgefüges auf den Regulierungsversuch mit der importierten, d.h. in diesem Falle englischen, politischen Kultur.

Der Begriff der politischen Kultur wird im Sinne von ALMOND gebraucht. "Every political system is embedded in a particular pattern of orientations to political action. I have found it useful to refer to this as the political culture."[1]

Schon bald nach der Unabhängigkeit veränderten die Herrschaftsbeauftragten die Verfassungen. Die Träger der politischen Entscheidungen in diesen Staaten waren einerseits mit der durch den Rezeptionsprozeß in Gang gekommenen politischen Entwicklung konfrontiert und mußten sich andererseits mit den dieser politischen Entwicklung sich widersetzenden Gesellschaftsmitgliedern auseinandersetzen.

Unter dieser politischen Entwicklung soll die Mitbestimmung oder Teilhabe am politischen Geschehen und die Ausbildung von politischen Institutionen, die diese Teilhabe ermöglichen, verstanden werden.[2] Über die Art der Mitbestimmung oder Teilhabe am politischen Geschehen bestehen jedoch unterschiedliche Auffassungen, d.h. es kam zur Ausbildung unterschiedlicher politischer Kulturen.

---

1) ALMOND, Gabriel A., Comparative Political Systems, Journal of Politics, Vol. XVIII, 1956, S. 396.

2) ZOLBERG, Aristide R., 2. Political Development in the Ivory Coast since Independence, in: FOSTER, Philip and ZOLBERG, Aristide R. (Eds.), Ghana and the Ivory Coast, Chicago 1971, S. 9.

Es muß davon ausgegangen werden, daß der Einfluß westlicher Ideen, der u.a. durch die europäischen Universitäten vermittelt wurde, nicht nur die "parlamentarische Demokratie", sondern auch die "proletarische Demokratie" beinhaltete, d.h. der Marxismus als Teil des westlichen Gedankengutes ist von besonderer Bedeutung für einen Teil der modernen afrikanischen Staaten. ALMOND ist der Ansicht, daß es unsicher ist, welche Art der Mitbestimmung sich durchsetzen wird: "The emerging nations are presented with two different models of the modern participatory state, the democratic and the totalitarian. The democratic state offers the ordinary man the opportunity to take part in the political decision-making process as an influential citizen; the totalitarian offers him the role of the 'participant subject'. Both modes have appeal to the new nations, and which will win out - if indeed some amalgam of the two does not emerge - cannot be foretold."[1]

Die Rollenstruktur[2] in demokratischen politischen Systemen anglo-amerikanischer Prägung ist:

- sehr differenziert;
- organisiert, manifest und bürokratisch und hat
- eunen hohen Stabilitätsgrad bei den Rollenfunktionen.

In den Rollenstrukturen der totalitären politischen Systeme gibt es vor allem zwei Merkmale:[3]

- Übergewicht der Zwangsrollen (coercive rôles);
- funktionale Unbeständigkeit der Machtrollen (power rôles) in Partei, Armee, Verwaltung und Geheimdienst.

Das Übergewicht der Zwangsrollenstruktur im politischen Bereich strahlt auf die übrige gesellschaftliche Rollenstruktur aus.

Die politische Kultur[4] totalitärer Systeme macht den Eindruck, als sei sie homogen. Da aber Vereinigungen, die auf freiwilliger Mitgliedschaft beruhen, fehlen und die politische Kommunikation von der Machtzentrale kontrolliert wird, ist es unmöglich zu beurteilen, inwieweit das totalitäre System durch die Gesellschaftsmitglieder positiv bewertet wird.

---

1) ALMOND, Gabriel A. and VERBA, Sydney, The Civic Culture, Princeton 1968, S. 4 f.
2) ALMOND, Gabriel A., Comparative Political Systems, S. 399.
3) Ebd., S. 405.
4) Ebd., S. 403.

Wenn sich das demokratische Modell eines Staates, der seinen Mitgliedern politische Mitbestimmung gewährt, in den neuen Nationen entwickeln soll, so erfordert das demokratische Institutionen nicht nur in einem formalen Sinn, wie in den totalitären Demokratien, sondern in einem funktionalen Sinn.[1] Die notwendige Infrastruktur des demokratischen politischen Systems - Parteien, Interessengruppen und die Kommunikationsmedien - ist jedoch wesentlich komplexer als es von den Eliten der neuen Staaten angenommen wird. So stößt die Übertragung der politischen Kultur des westlichen demokratischen Systems auf erhebliche Schwierigkeiten, da die Eliten der neuen Staaten oft seltsame und mangelhafte politische Vorstellungen haben.[2]

Die Gesellschaften in den neuen Staaten Afrikas werden nach ZOLBERG von 2 Arten von Werten, Normen und Strukturen bestimmt "... the 'new' and the 'residual', with the latter usually subdivided into distinct subsets, it is useful to think of these sets as forming a particular type of unintegrated society which can be called 'syncretic'."[3]

Selbst in den modernsten Institutionen Afrikas finden sich Werte und Normen, die sich sowohl aus dem neuen wie residualen Bereich herleiten lassen.[4] In allen gesellschaftlichen Aktivitäten, einschließlich der politischen, kann man den synkretischen Charakter nachweisen. Es läßt sich feststellen, daß Exekutive, Legislative, Parteien und Rechtswesen "...deal with only a portion of the total allocative activity, and that the remainder must therefore be allocated by other means, by other structures."[5]

Eine Untersuchung der politischen Parteien Afrikas zeigt, daß ein großer Unterschied zwischen dem Organisationsmodell besteht, von dem die neuen Staatsmänner Afrikas ihre Vorstellungen beziehen, und ihrer Fähigkeit, diese Vorstellungen in die gesellschaftliche Wirklichkeit umzusetzen. Diese Organisationen und damit ihre Strukturen als Parteien zu bezeichnen, kann als eine gefährliche "reification" derjenigen bezeichnet werden, die diese Gebilde untersucht haben.[6]

---

1) ALMOND, Gabriel A., and VERBA, Sydney, S. 5.

2) Ebd.

3) ZOLBERG, Aristide R., The Structure of the Political Conflict in the New States of Tropical Africa, American Political Science Review, Vol. LXII, 1968, S. 71.

4) ZOLBERG, Aristide R., The Structure of the Political Conflict, S. 71 f.

5) Ebd., S. 71.

6) Ebd., S. 72.

Im Civil Service sind die im allgemeinen in der Verwaltung erwarteten Normen so selten, daß man besser von der Kategorie der Regierungsangestellten spricht. Selbst das Heer ist weit entfernt von dem, was man als hierarchische Organisation bezeichnen kann, so daß man die Armee besser als Ansammlung von bewaffneten Männern betrachtet. Bei der Analyse der "Ein-Parteien-Ideologie" muß man davon ausgehen, daß es sich hier nicht um eine Partei, sondern eher um eine Art Verwaltungssystem handelt, das von einer militärischen oder zivilen Oligarchie beherrscht wird, die sich als unentbehrlich bei der Bildung der neuen Nation betrachtet[1].

Die Herrschaft einer Militärregierung in einem afrikanischen Staat schließt nicht aus, daß es zu weiteren militärischen oder zivilen Umstürzen kommt, da die Armeen die gleichen strukturellen Schwächen wie andere afrikanische Institutionen haben. So ist auch heute noch damit zu rechnen, daß es zu weiteren Coups kommt, wobei oft nur die Herrschaftsspitze oder sogar nur eine Person ausgetauscht wird. Revolutionen können fast ausgeschlossen werden, da alternative Eliten mit der entsprechenden geistigen und organisatorischen Solidarität,[2] die für einen strukturellen Wandel notwendig ist, fehlen.

---

1) ZOLBERG, Aristide R., Patterns of Nation-Building, in: PADEN, John N. and SOJAM Edward W., (Eds.) The African Experience, Vol. I, Essays, Evanston 1970, S. 439.

2) Ebd., S. 444.

E. DER MÜHSAME PRAKTISCHE WEG

I. Die Entwicklung von demokratischen politischen Institutionen durch die englische Kolonialmacht

Die beginnenden Prozesse der Dekolonisierung im politischen Bereich, d.h. die Entwicklung demokratischer Institutionen durch die kontrollausübende Metropolitan Society, um eine Mitbeteiligung der autochthonen Herrschaftsunterworfenen herbeizuführen, bedeutet noch lange nicht, daß damit auch die kolonialen Prozesse im wirtschaftlichen und kulturellen Bereich einsetzen. In Sansibar kam es nur zur Entwicklung von dekolonialen Prozessen im politischen Bereich, da eine englische Kontrollausübung im wirtschaftlichen Bereich, wenn man von gewissen Steuerabgaben absieht, überhaupt nicht und im kulturellen Bereich nur sehr bedingt stattfand.

1925 wurde der englische Resident direkt dem Colonial Office unterstellt und war nicht mehr an die Weisungen des High Commissioner gebunden. Der Protectorate Council wurde 1926 durch einen Legislative und einen Executive Council ersetzt.[1] Die Engländer waren der Auffassung, daß

---

1) Great Britain, Reference Pamphlet 60, S. 23. Zanzibar Protectorate, Report of the Constitutional Commissioner 1960, S. 57 Appendix E

Development of Executive and Legislative Councils

Year	Decree	Protectorate Council
1914-1925	6 of 1914	President - His Highness the Sultan .
	7 of 1918	Vice President - British Resident.
		3 Official Members.
		4 Nominated Unofficial Members.
		Exexutive Council
1926	1 of 1926	President - His Highness the Sultan
	25 of 1934(Cap.	Vice-President - British Resident.
	28 Revised Laws)	3 Ex-officio Members
		Other Official Members (no limit but usually 3 appointed).
1942	14 of 1942	Additional Members:
	18 of 1942	Prince Abdulla, Heir Apparent.
		Senior Commissioner, Ex-officio.

(Fortsetzung der Fußnote 1) auf Seite 71)

(Fortsetzung der Fußnote 1 von Seite 70)

Year	Decree	Executive Council
1956	1 of 1946	New Constitution: President - British Resident. 4 Ex-officio Members: Chief Secretary Attorney-General, Financial Secretary, Senior Commissioner. 3 Official Members. 3 Representative Members.
1959	22 of 1959	2 Additional Representative Members making a total of 5.

Legislative Council

Year	Decree	Legislative Council
1926	1 of 1926, 25 of 1934 (Cap. 28 Revised Laws)	President - British Resident 3 Ex-officio Members. 5 Official Members 6 Nominated Unofficial Members (3 Arabs, 1 European and 2 Indians.
1942	14 of 1942 18 of 1942	Senior Commissioner added as Ex-officio Member.
1946	4 of 1946	1 extra Nominated Unofficial Member (African) making a total of 7.
1947	5 of 1947	1 extra Nominated Unofficial Member (African) making a total of 8.
1956	1 of 1956	New Constitution: President - British Resident 4 Ex-officio Members: Chief Secretary, Attorney-General, Financial Secretary, Senior Commissioner. 9 Official Members. 6 Elected Representative Members. 6 Appointed Representative Members.
1959	22 of 1959	Elected Representative Members increased to 8. Appointed Representative Members reduced to 4. Franchise reduced and women added.

sie in ihren Kolonien durch eine graduelle, im Laufe der Zeit ansteigende Beteiligung der Autochthonen in den repräsentativen und exekutiven Organen des politischen Systems der Kolonialgesellschaft zur politischen Entwicklung beitragen würden. Sie vertraten die Ansicht, "... that progress is toward essentially one form of self-government: a slow but sure approximation of the Western parliamentary system and the Westminster form in absolute particular."[1] Das Westminster-Modell zeichnet sich durch ein unabhängiges Gerichtswesen und eine starke Exekutive aus, die dem Parlament gegenüber verantwortlich ist.[2] Die Idee, die Kolonien auf die Selbständigkeit im Rahmen des Commonwealth vorzubereiten, trat in England nach dem 2. Weltkrieg auf und war von diesem Zeitpunkt an die zentrale Aufgabe der englischen Kolonialpolitik.[3]

In den kolonialen Situationen wurden selten die politischen Institutionen der Metropolitan Society transferiert; in der Regel kam es zur Ausbildung spezieller, der Situation angepaßter Institutionen. In Sansibar war der englische Resident Präsident des Legislative Council, der beschränkte gesetzgebende Funktionen hatte. Die Gesetze wurden erst durch die Unterzeichnung des englischen Residenten gültig.[4] Der Legislative Council bestand aus offiziellen und inoffiziellen Mitgliedern. Unter offiziellen Mitgliedern wurden meistens englische Beamte verstanden, doch konnten es auch ausgewählte Autochthone sein. Die inoffiziellen Mitglieder waren meistens die Repräsentanten der autochthonen ethnischen Gebilde, die deren Interessen vertraten. Jedoch wurde erst 1946 der erste und 1947 der zweite Afrikaner als inoffizielles Mitglied in den Legislative Council aufgenommen. Die Engländer kontrollierten mit der "offiziellen Mehrheit" (Beamte und ernannte Autochthone) die lokalen Versammlungen. Das Zugeständnis einer "inoffiziellen Mehrheit" war nicht nur ein Zeichen des Vertrauens gegenüber der autochthonen Elite, sondern auch ein Gradmesser für den Stand der politischen Entwicklung.[5]

---

1) SCHAFFER, Benjamin, Bernard, The Concept of Preparation, World Politics, Vol. XVIII, 1965/66, S. 48.

2) LEE, John, Michael, Colonial Development and Good Government - A Study of the Ideas by the British Official Classes in Planning Decolonization 1939-1964, Oxford 1967, S. 196.

3) SCHAFFER, Benjamin, Bernard, S. 51.

4) Über die Entwicklung des Legislative Council in den englischen Kolonialgebieten berichtet WIGHT, Martin, The Development of the Legislative Council 1606-1945, London 1946; Zanzibar Protectorate. Debates of the Legislative Council, 1926-1938 and 1945-1961. Zanzibar o.D.

5) LEE, John, Michael, S. 208.

Im ersten Stadium der Entwicklung einer parlamentarischen Regierung hatten die offiziellen Mitglieder, im zweiten Stadium die inoffiziellen Mitglieder die Mehrheit. Im dritten Stadium kam es zu einer inneren Selbstverwaltung.[1] Die Ernennung von Mitgliedern für die Versammlungen trug zur politischen Unruhe zwischen den ethnischen Gemeinschaften bei. Wo auch immer interrassische Parteien offiziell gefördert wurden, hatte man den Eindruck, daß die ethnischen Minoritäten die Political Class blieben.[2]

Außerdem war das Colonial Office zu sehr mit den gesetzlichen Feinheiten der Machtransferierung beschäftigt, so daß es Gefahr lief, den Blick für den in den Kolonien auftretenden Nationalismus zu verlieren.[3]

Von großer Bedeutung war jedoch nicht die Gewährung der inoffiziellen Mehrheit im Legislative Council, sondern die Gewährung des allgemeinen Wahlrechts zur Ermittlung der Repräsentanten dieser in offizieller Mehrheit[4]. Dieses allgemeine Wahlrecht wurde von den nationalistischen Bewegungen in den Kolonien gefordert. Die Idee des allmählichen Fortschritts zur Selbständigkeit mußte fallen gelassen werden, da England gezwungen wurde, sehr schnell seine Verantwortung als Kolonialmacht aufzugeben.[5]

Das Aufkommen des Nationalismus[6] nach 1950 bewog die Engländer, in Sansibar ein repräsentatives politisches System einzuführen. Die inoffiziellen Mitglieder wurden durch eine allgemeine Wahl ermittelt. Im zweiten Stadium der Entwicklung zur Selbständigkeit von Sansibar bildeten die gewählten Inoffiziellen eine legislative Majorität. Im Executive Council, dem Kabinett, konnten die Autochthonen die Positionen Sicherheit, Finanzen und Verteidigung übernehmen, während in Legislative Council die Engländer weiter die Positionen innere Sicherheit, Finanzen und Verteidigung inne hatten. Der englische Resident konnte jederzeit ein Veto einlegen. Dieser Zustand dauerte zwei Jahre. Im Endstadium der englischen Kontrollausübung kam es dann zu einer inneren Selbstverwaltung. Die Engländer übergaben der Regierung von Sansibar gesetzgebende und gesetzausführende Funktionen. Unter englischer Kontrolle blieben innere Sicherheit, Verteidigung und auswärtige Angelegenheiten bis zur Unabhängigkeit.

---

1) WIGHT, Martin, S. 72-78.
2) LEE, John, Michael, S. 217.
3) Ebd. S. 211.
4) Ebd., S. 216.
5) Ebd.
6) LOFCHIE, Michael F., Background, S. 66 ff.

Wesentlich war, daß nach dem Juni 1961 die Araber die Mehrheit der Sitze im Legislative Council besetzten. Das hatten sie vor allem mit Hilfe eines Teiles der mohammedanischen Schirazi erreicht, mit denen sie gewisse Interessen hatten. Sie bildeten eine Koalitionsregierung und kontrollierten die Schlüsselpositionen. Die Afrikaner - ein Teil der Schirazi und die Festland-Afrikaner - mußten in die Opposition. Es war also den Arabern gelungen, obwohl sie zahlenmäßig in der Minderheit waren und trotz der Einführung von repräsentativen Institutionen[1], die politische Kontrolle wieder zu übernehmen. Das Zentralproblem[1] der politischen Entwicklung in Sansibar war der Versuch des kleinen arabischen ethnischen Gebildes, die politische und teilweise auch die wirtschaftliche Kontrolle zu behalten, d.h. die Afrikaner von der politischen und wirtschaftlichen Kontrolle auszuschließen. Trotz der parlamentarischen Regierungsformen, die von den Engländern eingeführt worden waren, kam es zu einem Versagen der demokratischen Institutionen; die Afrikaner - Schirazis und Festland-Afrikaner - suchten den Konflikt mit Gewalt in einer Revolution zu lösen.

Die politische Kontrolle der Engländer muß als konservativ angesehen werden, da sie die politischen Beziehungen seit 1890 einfrieren ließ. Man beließ die Araber vor allem als die Träger der politischen, aber auch wirtschaftlichen Ober- und Mittelschichten und bemühte sich nicht, den Afrikanern - Schirazis und Festland-Afrikanern - den Aufstieg in die Mittel- und Oberschichten zu ermöglichen. Bis 1945 waren die Afrikaner nicht im Legislative Council vertreten. Sie standen abseits der politischen Auseinandersetzungen. Dabei waren sie nicht nur formell ausgeschlossen; sie konnten auch faktisch gar nicht teilhaben, da es ihnen an der Ausbildung und damit auch an der entsprechenden Führung fehlte. So hatten die Engländer den Afrikanern den Aufstieg in die politischen und wirtschaftlichen Mittel- und Oberschichten im wesentlichen versagt. Als Folge dieser Unterentwicklung bedrohte ein politisches Machtpotential die bestehende Machtstruktur.[2]

Damit läßt sich zeigen, welchen Einfluß die englische koloniale Kontrollausübung auf den sozio-politischen Konflikt in Sansibar ausübte[3]. Vor diesem Hintergrund erhoben sich nach 1945 zuerst der arabische und später der afrikanische Nationalismus, die im Gegensatz standen zu dem sich abzeichnenden politischen Wandel in Richtung demokratischer Formen.

---

1) LOFCHIE, Michael F., Background, S. 8.

2) Siehe dazu: HEINTZ, Peter, Ein soziologisches Paradigma der Entwicklung, Stuttgart 1969, S. 100 f.

3) LOFCHIE, Michael F., Background, S. 101 ff.

Der arabische Nationalismus kann als restaurativ betrachtet werden, da die arabischen Oberschichten mit Argumenten ethnischer und demotischer Art versuchten, Sansibar wieder unter arabische Kontrolle zu bringen.[1] Die Araber können als eine absteigende politische Oberschicht betrachtet werden, da sie von der politischen Kontrolle durch die Engländer verdrängt worden waren, was u.a. zur Folge hatte, daß sie nicht jene Maßnahmen ergreifen konnten, die eine weitere Verschuldung gegenüber den Asiaten abgewendet hätte. Man konnte bereits seit SAID von einer gewissen wirtschaftlichen Kontrolle der Asiaten sprechen, da er als erster die Asiaten für die finanziellen Angelegenheiten in seinen Herrschaftsbereich geholt hatte.

Der arabische Nationalismus nach 1945 kann deshalb auch als ein Versuch abgestiegener politischer Oberschichten angesehen werden, zur politischen Kontrolle zurückzukehren und in deren Folge auch die wirtschaftliche Kontrolle wieder zu erreichen. Die Verschuldung der Araber führte zu Spannungen zwischen Arabern und Asiaten. Ihre Funktion als politische Oberschichten hatten die Araber schon durch die Engländer verloren. Da sie nicht die geeigneten Maßnahmen ergreifen konnten, büßten sie in der Folge auch ihre Funktion als landbesitzende wirtschaftliche Oberschichten immer mehr durch Verschuldung an die Asiaten ein. Die Asiaten mußten seit dem Zeitpunkt, als sie von SAID zur Kontrolle des Finanzwesens in seinen Herrschaftsbereich geholt wurden, immer als Teil der wirtschaftlichen Oberschichten angesehen werden.

Der afrikanische Nationalismus und die Idee einer afrikanischen Nation Sansibar wurden einerseits durch die englische politische Kontrollausübung hervorgerufen, die die Araber bevorzugte und den Afrikanern lange jede politische Teilhabe versagte, und andererseits durch die arabischen Autochthonen, die bei einer Ablösung der englischen politischen Kontrolle und Selbständigkeit von Sansibar versuchten, erneut dieses Gebiet unter ihre Herrschaft zu bringen. Der afrikanische Nationalismus geht also auf die zwei Grundideen des Nationalismus zurück:

- Die Afrikaner forderten, was das Nationalitätsprinzip betrifft, für ihr ethnisches Gebilde einen eigenen Staat, eine afrikanische Nation.

- Sie verlangten in der Beziehung zwischen Herrscher und Herrschaftsunterworfenen demokratische Formen, d.h. in der geforderten afrikanischen Nation soll Herrschaft nur mit Beteiligung und Zustimmung

---

1) FRANCIS, Emmerich K., 1968, S. 341.

der Beherrschten ausgeführt werden.[1] Die Zielvorstellung des afrikanischen Nationalismus war also eine afrikanische Nation Sansibar, bestehend aus den Inseln Sansibar, Tumbatu und Pemba und vielleicht aus dem ostafrikanischen Küstenstreifen. Die Forderung, den Küstenstreifen einzugliedern, wurde einerseits von den Schirazis (Suahelis) erhoben, da die Küste von Suahelis bewohnt wurde und andererseits fühlten sich viele Araber in Mombasa und an der Küste als Untertanen des Sultan und wünschten, daß der Küstenstreifen mit Sansibar und nicht mit Kenia vereinigt würde. Es wurde jedoch 1963 festgelegt, daß dieser Streifen zu Kenia kam.[2]

1. Das Entstehen des Nationalismus

Von FRANCIS wird der Prozeß der Nationwerdung gesehen "...as moving toward an ideal goal, set and rationalized by an ideology (or rather, political myth) called 'nationalism' ..."[3] Der Nationalismus[4] als politische Bewegung hat die Absicht, die politische Ordnung umzugestalten. Er geht einerseits auf die Forderung zurück, daß ethnische und politische Grenzen sich decken sollen und andererseits auf die Forderung nach demokratischen Beziehungsformen zwischen Herrschaftsausübenden und Herrschaftsunterworfenen. Im weiteren wird bei den Nationalismen unterschieden zwischen:

- dem demotischen Nationalismus tertiärer Ausprägung und

- dem restaurativen Nationalismus.

Weitere Nationalismusarten werden außer acht gelassen, da sie für diese Untersuchung nicht relevant sind.

Der demotische Nationalismus tertiärer Ausprägung,[5] dessen Zielvorstellung eine demotische Nation ist, trat und tritt in kolonialen Verwaltungsgebieten auf, die zwar nun selbständige politische Einheiten darstellen, deren Bevölkerung aber als Nation noch nicht existent ist. Das Kriterium[6] dieses Nationalismus, dessen Entstehung sich in der unmit-

---

1) FRANCIS, Emmerich, K., 1965, S. 91-95.

2) MIDDLETON, John and CAMPBELL, Jane, S. 65.

3) FRANCIS, Emmerich, K., 1968, S. 339.

4) Ders., 1965, S. 88.

5) FRÖHLICH, Dieter, S. 63.

6) Ebd., S. 70 ff.

telbaren Vergangenheit und Gegenwart beobachten läßt. liegt darin, daß zuerst das Territorium als koloniale Verwaltungseinheit, dann als unabhängige politische Einheit besteht, daß aber die Nationwerdung erst vollzogen werden muß. Der restaurative Nationalismus[1] wird von konservativen Kräften getragen, wie der Aristokratie und dem Klerus. Er fordert mit Argumenten ethnischer oder demotischer Art, die Unabhängigkeit früherer selbständiger Einheiten zu erreichen.

Es soll nun auf jene modernen Vereinigungen eingegangen werden, die u.a. Träger von nationalen Ideen waren und der sozialen Bewegung des Nationalismus zum Durchbruch verholfen haben. In traditionalen Gesellschaften[2] war die Migliedschaft[3] in Vereinigungen weitgehend askriptiv, d.h. beruhte auf Alter und Geschlecht. WALLERSTEIN ist der Ansicht, daß der Einzelne "...did not in principle chose to enter, rather he was assigned a certain social role which involved membership in a certain association."[4] Die Errichtung kolonialer Strukturen bedeutete eine neue soziale Situation. Die Kolonialverwaltung brachte Urbanisierung,[5] Veränderungen der Wirtschaftsstruktur u.a. und leitete damit einen Prozeß des sozialen Wandels ein, der als Modernisierung bezeichnet wird. Dieser historische Prozeß der Adaptierung an neue Bedingungen implizierte nicht nur die Änderung der traditionalen Institutionen sondern verlangte auch ihre Entwicklung, um den Erfordernissen des städtischen Lebens und der industriellen Wirtschaft gerecht zu werden.

---

1) FRANCIS, Emmerich K., 1968, S. 341.

2) "In a peasant society, the community tends to be an allinclusive social group... The security of the individual is assured by the group, and his life-pattern is to a large extent planned by it." WALLERSTEIN, Immanuel, The Road to Independence, Paris 1964, S. 83.

3) WALLERSTEIN, Immanuel, 8 Voluntary Associations, in: Colemen, James S. and Rosberg jr., Carl G. (Eds.), Political Parties and National Integration in Tropical Africa, Berkeley 1964, S. 318 f.

4) Ebd., S. 318

5) "Modern urbanism ... is the conditioning factor in contemporary African Society as well as the culmination of so called acculturation. ... It involves a particularly rapid diffusion of entirely new ideas, habits, and technical procedures, and a considerable restructuring of social relationships as a consequence of the new technical roles and groupes created." LITTLE, KENNETH, The Role of Voluntary Associations in West African Urbanization, in: VAN DEN BERGHE, Pierre L., (Ed.), Africa, San Francisco 1965, S. 341.

Eine der Folgen der Modernisierung war die Wanderung aus ländlichen in städtische oder auch in andere ländliche Bereiche, wie z.B. der Festland-Afrikaner auf die Inseln Sansibar und Pemba, um auf den Pflanzungen zu arbeiten. Das Verlassen der ethnischen Einheiten bedeutete Verhaltensunsicherheit, d.h. die veränderte Umgebung brachte veränderte Werte und Normen. Neue soziale Organisationen waren nötig, um dem Einzelnen bei der Anpassung zu helfen, d.h. es bildeten sich Vereinigungen, die dem Einzelnen die Integration in die leistungsorientierte Gesellschaft mit ihrer Rollendifferenzierung erleichterten. [1]

Diese Vereinigungen, deren Struktur und Funktion von denen traditioneller Gesellschaften unterschieden werden muß, beruhen auf freiwilliger Teilnahme und Wahl der Führungsspitze aus dem Kreis ihrer Mitglieder.

Die nationalen Bewegungen versuchten die politische Struktur der Kolonien zu unterminieren und eine Lage zu schaffen, "... in which the majority of the population responded more to its norms and sanctions than to those of the colonial regime." [2] Entscheidend an diesem Prozeß [3] waren die Intellektuellen beteiligt, jene moderne Elite, die die westlichen Ideen des Nationalismus und der Demokratisierung, des Liberalismus, Sozialismus und Marxismus aufgenommen hatte. Der koloniale Status der politischen Diskriminierung war mit ihrem Verständnis nicht zu vereinen, weshalb besonders von ihnen die Forderung nach politischer Unabhängigkeit erhoben wurde.

Für die Zwecke dieser Untersuchung ist es notwendig, eine Darstellung der ethnischen Gebilde um die Mitte des 20. Jahrhunderts in Sansibar und Pemba zu geben. Bei der Unterscheidung wird die Selbsteinschätzung zugrunde gelegt. Bei dieser Selbsteinschätzung muß zwischen den Volkszählungen und der politischen Relevanz dieser Selbsteinschätzung unterschieden werden, d.h. während einerseits bei den Zählungen von 1924, 1931 und 1948 sich ein fast vollständiges Verschwinden von Suahelis und Schirazis zeigt, bildete sich andererseits bereits 1939 eine Shirazi Assoziation. Da in den Kommentaren

---

1) BANTON, Michael P., West African City, London 1957, S. 182, 181. zitiert bei WALLERSTEIN, Immanuel, Voluntary Associations, S. 320 f.

2) WALLERSTEIN, Immanuel, Voluntary Associations, S. 335.

3) LITTLE, Kenneth, The Study of 'Social Change' in British West Africa, Africa, Vol. XXIII, 1953, SS. 276, 280.

der Zählungen fast keine Angaben gemacht werden und Untersuchungen zu diesem Fragenkomplex fehlen, muß angenommen werden, daß neben dem Bevölkerungswachstum eine Reintegration ehemaliger Mitglieder der ethnischen Gebilde der Hadimu, Tumbatu und Pemba und eine Integration von Festland-Afrikanern in diese Gebilde stattgefunden hat. Während die Hadimu, Tumbatu und Pemba den Schirazis zugerechnet werden, bilden diese andererseits einen Teil der Suahelis.

In der umstehenden Tabelle 1 werden die Ergebnisse der Volkszählungen und die Verteilung der ethnischen Gebilde in den Jahren 1924, 1931 und 1948 im Protektorat Sansibar dargestellt.

Die Araber[1] machten 1904 nur 4 % der Bevölkerung aus. Ihr Anteil stieg 1924 auf fast 9 %, 1931 auf über 14 % und 1948 auf 16,9 %. Neben der Einwanderung aus Arabien muß davon ausgegangen werden, daß es zu einer wachsenden Selbsteinschätzung vieler Nicht-Araber als Araber kam. Die Fähigkeit suaheli zu sprechen, dem Islam anzugehören und der Nachweis einen arabischen Vorfahren zu haben, genügten, sich als Araber zu bezeichnen. Diese wurden aber von den "wahren" Arabern, die einen genauen Stammbaum nachweisen konnten, als "dubiose" Araber bezeichnet.[2] Die wachsende Selbsteinschätzung vieler Nicht-Araber als Araber hatte mit den Vorteilen politischer und wirtschaftlicher Art zu tun, die die englische Kolonialmacht den Arabern gewährte. Die Offenheit der arabischen Elite für Aufsteiger war zwar nicht Sache einer beabsichtigten arabischen Politik, aber die dadurch bewirkte Möglichkeit der rassischen Assimilierung war von entscheidender Bedeutung für die Erhaltung des rassisch pluralen Charakters der gesellschaftlichen Schichtung.[3]

Die Zählung von 1958 wurde für diese Untersuchung nicht herangezogen, da nicht zwischen Afrikanern und Arabern unterschieden wird.

---

1) MIDDLETON, John, The Immigrant Communities (3): the Arabs of the East African Coast, in: LOW, D.A., and SMITH, Alison (Eds.), History of East Africa, Vol. III, Oxford 1976, S. 502.

2) ARENS, W., The Waswahili: The Social Theory of an Ethnic Group, Africa, Vol. XXXXV, 1975, S. 433.

3) LOFCHIE, Michael F., Chapter 9, The Plural Society in Zanzibar, in: KUPER, Leo and SMITH, Michael G. (Eds.), Pluralism in Africa, S. 297.

Tabelle 1: Comparison of Main Tribes
1924, 1931 and 1948 Censuses

Tribal Origin	Zanzibar Island 1924	1931	1948
Zanzibar Tribes:			
Wahadimu	16,454	27,732	41,185
Watumbatu	21,288	27,663	38,548
Wapemba	143	480	900
Swahili	14,806	2,038	129
Shirazi (so stated)	13,602	8,642	145
Others	–	–	243
Main Tanganyika Tribes:			
Wanyamwezi	4,137	3,823	5,845
Wamanyema	3,934	3,020	1,899
Wazaramu	3,497	3,507	3,847
Nyasaland Tribes[+]	10,994	9,539	6,131
Other Mainland Tribes	16,028	24,603	19,682
Not Stated	–	–	98
Total	104,883	111,047	118,652

Tribal Origin	Pemba Island 1924	1931	1948
Zanzibar Tribes:			
Wahadimu	598	779	581
Watumbatu	5,094	7,312	7,583
Wapemba	12,496	11,276	58,868
Swahili	19,138	28	161
Shirazi (so stated)	12,828	32,249	30
Others	–	–	107
Main Tanganyika Tribes:			
Wanyamwezi	4,166	2,518	2,408
Wamanyema	1,879	684	303
Wazaramu	2,673	1,978	1,563
Nyasaland Tribes[+]	6,199	4,522	2,966
Other Mainland Tribes	11,321	11,639	6,633
Not Stated	–	–	5
Total	76,392	72,985	81,208

Tribal Origin	Total Zanzibar Protectorate 1924	1931	1948
Zanzibar Tribes:			
Wahadimu	17,052	28,511	41,766
Watumbatu	26,382	34,975	46,131
Wapemba	12,639	11,756	59,768
Swahili	33,944	2,066	290
Shirazi (so stated)	26,430	40,891	175
Others	–	–	350
Main Tanganyika Tribes:			
Wanyamwezi	8,303	6,341	8,253
Wamanyema	5,813	3,704	2,202
Wazaramu	6,170	5,485	5,410
Nyasaland Tribes[+]	17,193	14,061	9,097
Other Mainland Tribes	27,349	36,242	26,315
Not Stated	–	–	103
Total	181,275	184,032	199,860

[+] Nyasa and Yao

Quelle: Zanzibar Protectorate, Notes on the Census of the Zanzibar Protectorate 1948, Zanzibar 1948, S. 12.

Tabelle 2: Comparison of Census Population
Analysis by Race
Zanzibar Protectorate

Race	Year 1924 No.	Percent	Year 1931 No.	Percent	Year 1948 No.	Percent
European	272	0.1	278	0.1	296	0.1
Indian	12,903	6.0	14,242	6.1	15,211	5.8
Arab	869	0.4	1,004	0.4	681	0.3
	18,884	8.7	33,401	14.2	44,560	16.9
African	181,275	83.6	184,032	78.2	199,860	75.7
Other	88	–	37	–	287	0.1
	2,506	1.2	2,434	1.0	3,267	1.1
Total	216,797	100.0	235,428	100.0	264,162	100.0

Quelle: Zanzibar Protectorate, Census 1948, S. 4.

Tabelle 3: Zanzibar Protectorate: Distribution by Racial Group[+]

	A	B	Racial Group C	D	Total
Number	279,935	18,334	507	335	299,111
Percentage	93,6	6,1	0,2	0,1	100,0

+ A Afro-Arab
  B Asian other than Arab
  C European
  D Somali and other

Quelle: Zanzibar Protectorate, Report on the Census of the Population of Zanzibar 1958, Zanzibar 1960, S. 18.

Im Folgenden wird eine Darstellung der Selbsteinschätzung nach ethnischen Gesichtspunkten der Bewohner des Protektorates Sansibar gebracht. Diese Selbsteinschätzung war von politischer Relevanz[1] für die Ereignisse in der 2. Hälfte des 20. Jahrhunderts in Sansibar.

a) Die Afrikaner

Die Schirazi

Während der Begriff Schirazi im Mittelalter vor allem von den eingewanderten Oberschichten und deren Nachkommen gebraucht wurde, hat er heute eine andere Bedeutung. Die Bezeichnung Schirazi soll einerseits den Hinweis geben, daß der Ursprung älter ist als der der Araber[2] und andererseits eine Distanzierung von den Festland-Afrikanern bedeuten.

---

1) MIDDLETON, John und CAMPBELL, Jane, S. 15 f., S. 2o.

2) "The Shirazi regard Arabs as upstarts and usurpers, and the Arabs regard Shirazi as inferiors on both racial and cultural grounds." Ebd., S. 17.

Dazu gehören die ethnischen Gebilde der Hadimu, Tumbatu und Pemba. Sie können nicht mehr als lokale Einheiten betrachtet werden und sind auch nicht mehr politisch wirksam. Es blieb nur noch die Erinnerung an die Herkunft bestehen. Von der kolonialen Kontrolle beeinflußt, kam es unter diesen ethnischen Gebilden zum Bewußtsein einer gewissen Zusammengehörigkeit und zur gemeinsamen Bezeichnung Schirazi.[1]

Ein Teil der ehemaligen Sklaven und deren Nachkommen zogen es vor, sich als Schirazis, nicht als Afrikaner zu bezeichnen. Sie wurden aber als "zweitklassige" Schirazis betrachtet.[2]

Die Festland-Afrikaner

Seit dem Ende des 19. Jahrhunderts kamen, da durch das Verbot des Sklavenhandels Arbeiter[3] vor allem auf den Plantagen fehlten, Einwanderer vom afrikanischen Festland auf die Inseln. Sie gehörten zu dem ärmsten Teil der Bevölkerung, waren fast ohne Landbesitz und hatten Schwierigkeiten, in die Gesellschaft Sansibars zu integrieren, da u.a. nur wenige von ihnen Mohammedaner waren.[4]

b) Die Araber

Wie bereits erwähnt, wird bei der Unterscheidung der ethnischen Gebilde die Selbsteinschätzung zugrunde gelegt, jedoch wird die Zuordnung schwierig, wenn die Selbsteinschätzung je nach der Situation differiert. CAMPBELL stellt dazu fest: "A man with any Arab blood, regardless of the blackness of his skin, will call himself an Arab. However when politics are involved the 'thing to be' is an African nationalist."[5]

---

1) GRAY, John, 1962, S. 19.
2) CAMPBELL, Jane, S. 75.
3) MIDDLETON, John and CAMPBELL, Jane, S. 2o.
4) Ebd.
5) CAMPBELL, Jane, S. 75.

Die Oman Araber

Die Araber aus dem übrigen Südarabien

Die Nachkommen der vor Ankunft der Oman-Araber eingewanderten Südaraber, vor allem aus Hadramaut, haßten die Oman-Araber und betrachten sie als "upstarts". Sie betrachten sich als die "wahren" und alteingesessenen Araber.

Die neueingewanderten oder nur vorübergehend anwesenden Migranten aus Südarabien sind Händler, Seeleute oder Arbeiter auf den Pflanzungen. MIDDLETON und CAMPBELL vertreten dazu folgende Ansicht:

"It is they who have in the past borne the brunt of Shirazi and African hostility (as in the 1961 riots, and probably during the revolution of 1964), ..."[1] Sie fühlen sich trotz ihrer Armut mit den reicheren arabischen Familien verbunden und den Schirazi und Afrikanern überlegen.

c) Die Asiaten

Die Asiaten hatten niemals politische Interessen. Es fehlte ihnen jede ethnische Solidarität, da sie in religiöse Subgruppen unterteilt waren.[2]

Zu Beginn des 20. Jahrhundert entwickelten sich in Sansibar ethnische Vereinigungen, wobei die Araber als erste die Arab Association bildeten.[3] 1934 wurde die African Association, deren Mitglieder vor allem Festland-Afrikaner waren, und 1939 die Shirazi Association gegründet. Beide Vereinigungen hatten im wesentlichen wirtschaftliche Interessen und versuchten, Pächtern und Arbeitern eine gewisse Hilfe zu bieten. Die beiden Vereinigungen arbeiteten nicht zusammen und hatten bis zu den Wahlen 1957 keine politischen Interessen.[4] MIDDLETON und CAMPBELL berichten dazu:

---

1) MIDDLETON, John and CAMPBELL, Jane, S. 22.

2) LOFCHIE, Michael F., Background, S. 79 f.

3) Seit 1897 die Sklaverei aufgehoben wurde, entstanden erhebliche Gegensätze zwischen den arabischen Landbesitzern einerseits und Asiaten, Schirazis und Festland-Afrikanern andererseits. Die Arab Association vertrat vor allem die Interessen der arabischen Landbesitzer. Siehe dazu: MIDDLETON, John and CAMPBELL, Jane, S. 46.

4) Ebd., S. 47.

"Neither of these groups was given any legislative representation before World War II and this sharply restricted the extent to which they could represent the interests of their communities before that time."[1]

Den sozialen Wandel der Modernisierung kann man als einen Akkulturationsprozeß sehen, der nach einer Desintegration zu einer Reintegration führt, wobei u.a. besondere Organisationsformen entstehen. Jedoch kann nicht von vorneherein davon ausgegangen werden, daß mit dem Verlassen der ethnischen Einheit bei dem Einzelnen eine Desintegration aus dieser Einheit angenommen werden kann. Es fehlen Untersuchungen für Sansibar, vor allem darüber, inwieweit Festland-Afrikaner sich entweder der African Association anschlossen oder aber, wenn sie in die ethnischen Gebilde der Schirazis integriert waren, Anschluß an die Shirazi Association suchten, und welche Unterschiede sich dabei für die Inseln Sansibar und Pemba ergeben.

Während der Nationalismus, der sich in den Kolonialgebieten Afrikas erhoben hatte, im allgemeinen als eine progressive und integrative Kraft angesehen werden muß, der den politischen Wandel in Richtung einer Beendigung der kolonialen Herrschaft beschleunigte, muß der sich in Sansibar erhebende Nationalismus im Gegenteil als desintegrativ bezeichnet werden, was LOFCHIE zu folgender Äußerung veranlaßt:

" The essential characteristic of Zanzibar nationalism was its failure to unite Zanzibaris and to establish a genuinely democratic political environment."[2]

Der sansibarische Nationalismus[3] begann mit der Begründung der Zanzibari Association durch Ahmed LEMKE[4] anfang der 50er Jahre des 20. Jahrhunderts in England. Mitglieder dieser multi-ethnischen Vereinigung waren Studenten und Arbeiter aus dem Protektorat Sansibar.

---

1) LOFCHIE, Michael F., Background, S. 99.

2) Ebd., S. 157.

3) Ebd., S. 141 f.

4) "... Ahmed LEMKE born in Zanzibar in 1929 of an extremely wealthy Arab family, ... had gone to Egypt for education at the age of ten and resided there continuously between 1939 and 1951. During the Arab-Israeli war he joined a communist movement opposed to King Farouk, and became deeply involved in its organization and propaganda activities. For this and other political offenses, he spent his last two years in Egypt in prison." Ebd., S. 140.

Der Zweck dieser Vereinigung war es, gegen die Politik der englischen Kolonialmacht im Protektorat Sansibar zu protestieren, da England in der Verwaltung die rassische Trennung begünstigte. Die Zanzibari Association sollte nach LEMKEs Ansicht mit allen Mitteln versuchen, diese Trennungslinien abzubauen.[1] LEMKE kehrte zu Beginn des Jahres 1953 nach Sansibar zurück und gründete die Zanzibar National Union (ZNU), deren Zielvorstellung eine alle ethnischen Gemeinschaften umfassende sansibarische Nation war. Diese Nation sollte auf demokratischen Institutionen aufgebaut sein, d.h. das soziale Gebilde Nation sollte demokratischen Vorstellungen entsprechen, was bedeutet, daß die Herrschaft nur mit Beteiligung und Zustimmung der Beherrschten ausgeführt werden kann und daß die Herrschaftsspitze in eine direkte Beziehung mit der Herrschaftsbasis tritt, wobei die Herrschaft von unten legitimiert wird. Auf Sansibar bezogen bedeutete das eine Beendigung der englischen, kolonialen Kontrollausübung und eine Beteiligung der Afrikaner - also Schirazis und Festland-Afrikaner - am Herrschaftsprozeß. Die Idee der sansibarischen Nation gründete auf der Zielvorstellung, einen demotischen Nationalismus tertiärer Ausprägung, nämlich das Demos[2] - eine nationale sansibarische Gesellschaft, die alle ethnischen Gemeinschaften umfaßte - zu schaffen.

1953 entschied die englische Kolonialregierung,[3] daß im Protektorat Sansibar allen Verwaltungsangestellten jede politische Betätigung verboten ist, d.h. die Kolonialmacht entschied sich für eine politisch neutrale Bürokratie. Während die Araber, da sie zumeist vermögend waren, Politik im Hauptberuf betreiben konnten, war es den Afrikanern nur in ihrer Freizeit möglich, politisch tätig zu werden. Einerseits gab es nur wenige afrikanische Intellektuelle, andererseits waren diese zumeist im Civil Service tätig, so daß die Entscheidung der englischen Kolonialregierung für Schirazis und Festland-Afrikaner von schweren Folgen begleitet war. Betroffen von dieser Entscheidung wurden vor allem jene wenigen afrikanischen Intellektuellen, die einerseits aktiv am afrikanischen Nationalismus, wie in der African Association oder andererseits aktiv am sansibarischen Nationalismus, wie in der Zanzibar National Union beteiligt waren, so z.B. Othman SHARIF, ein Agricultural Officer und Aboud JUMBE, ein Mittelschullehrer. Die Mitgliedschaft der beiden letzteren in der ZNU brachte eine enge persönliche Verbindung in der

---

1) LOFCHIE, Micheal F., Background, S. 141.

2) FRANCIS, Emmerich K., 1965, S. 90 f.

3) LOFCHIE, Micheal F., Background, S. 164.

Führungsspitze der Union zwischen den Arabern und Afrikanern. Das Ausscheiden der Afrikaner aus der ZNU bedeutete das Ende des sansibarischen Nationalismus. Ohne afrikanische Beteiligung bestand keine Möglichkeit, die ZNU zu einer multiethnischen Vereinigung zu machen und für alle ethnischen Gebilde in dem Protektorat zu sprechen. Aus diesem Grunde und wegen schlechter Gesundheit löste LEMKE im Spätsommer 1953 die ZNU auf. [1]

Mit dieser Entscheidung der Kolonialmacht, die politische Betätigung von Mitgliedern des Civil Service zu verbieten, waren die Weichen für die politische Zukunft Sansibars gestellt. Der sansibarische Nationalismus hat schon in seiner Entstehungsphase den tödlichen Schlag bekommen, denn es muß die Möglichkeit eingeräumt werden, daß es den afrikanischen Intellektuellen in der zwar stark von Arabern beherrschten ZNU doch noch gelungen wäre, im Laufe der Zeit zu einer stärkeren Einflußnahme zu kommen. Immerhin war die Chance eines alle umfassenden Nationalismus durch Integration der Eliten in einer Vereinigung dadurch verpaßt und außerdem war die Möglichkeit der politischen Kommunikation zwischen der afrikanischen und arabischen Elite zerstört worden. [2]

Von dem Versuch LEMKEs und der ZNU, zu einem sansibarischen Nationalismus zu kommen, muß der arabische Nationalismus unterschieden werden. Man kann von einem restaurativen Nationalismus sprechen, der mit Argumenten demotischer Art versuchte, seine Zielvorstellungen durchzusetzen, wobei die Träger konservative Kräfte, nämlich landbesitzende Araber waren. [3] LOFCHIE ist der Ansicht, daß der arabische Nationalismus "... despite its liberal multiracial ethos was basically a conservative if not altogether reactionary phenomen." [4] Dieser Nationalismus war nicht die Schöpfung der Mehrheit, sondern der Nationalismus einer oligarchischen Minderheit von Fremden, die versuchte, die englische koloniale Machtausübung durch demokratische Institutionen zu ersetzen. [5] Es mag paradox erscheinen, daß die Araber, die nur 17 % der Bevölkerung ausmachten, und die unter dem englischen kolonialen System die höchste Zahl von Repräsentanten im Legislative

---

1) LOFCHIE, Michael F., Background, S. 142.

2) Ebd., S. 165.

3) FRANCIS, Emmerich K., 1968, S. 341.

4) LOFCHIE, Michael F., Background, S. 157.

5) Ders., Constitutional Change and Political Conflict in Zanzibar, Diss. Berkeley 1964, S. 2.

Council und anderen Verwaltungsorganen stellten, eine schnelle konstitutionelle Liberalisierung, d.h. die Einführung demokratischer Institutionen, anstrebten.[1] Einer der Gründe war die Frage des politischen Überlebens, d.h. von den Engländern wieder die politische Kontrolle zu übernehmen, die sie einmal über Sansibar ausgeübt hatten, und zwar ehe der sich auf dem Kontinent ausbreitende Nationalismus die Inseln erreichte. Diese arabische Entschlossenheit, wieder die politische Kontrolle zu übernehmen, beeinflußte in erheblichem Maße den Nationalismus und die Entwicklung von Parteien in Sansibar.[2] Da die Araber im Falle von Wahlen auf die Stimmen der Afrikaner und Asiaten angewiesen waren, muß der arabische Nationalismus wenigstens teilweise auch als Versuch angesehen werden, das Vertrauen der afrikanischen und asiatischen ethnischen Gemeinschaften zu gewinnen.[3]

Es muß unterschieden werden zwischen dem sansibarischen Nationalismus, dessen Zielvorstellung eine sansibarische Nation war, und dem Versuch der Araber, mit demotischen Argumenten wieder die politsche Kontrolle zu übernehmen. Die politischen Bewegungen zu dieser Zielverwirklichung waren der arabische und afrikanische Nationalismus. Beide Nationalismen brachten die schon lange währenden latenten Spannungen in einer ethnisch heterogenen Bevölkerung neu in das Bewußtsein.

Unter Afrikanern werden im weiteren verstanden:

Die Schirazis (Hadimu, Tumbatu und Pemba)

Die Festland-Afrikaner (ehemalige Sklaven, deren Abkömmlinge und Einwanderer aus afrikanischen ethnischen Gebilden von dem Festland).

Erst als Antwort auf diese arabischen Zielvorstellungen - Sansibar als unabhängige arabische politische Einheit - kam es zum Entstehen des afrikanischen Nationalismus. In der ersten Phase dieses Nationalismus

---

1) LOFCHIE, Michael F., The Zanzibari Revolution: African Protest in a Racially Plural Society, in: ROTBERG Robert L. and MAZRUI Ali A. (Eds.), Protest and Power in Black Africa, New York 1970, S. 938.

2) LOFCHIE, Michael F., 13 Zanzibar, in: COLEMAN, James R. and ROSBERG jr., Carl G. (Eds.), Political Parties and National Integration in Tropical Africa, Berkeley 1964, S. 483.

3) LOFCHIE, Michael F., Revolution, S. 939.

1952 und 1953 versuchten die Afrikaner durch Forderungen nach gesellschaftlichen Reformen vor allem im politischen Bereich Anhänger zu gewinnen. In der zweiten Phase zwischen 1954 und 1959 oder 1960 fielen sie dagegen in konservative Vorstellungen zurück.[1]

Der afrikanische Nationalismus litt von Anfang an darunter, daß den Afrikanern eine gut ausgebildete und finanziell unabhängige Elite fehlte, d.h. es fehlte einerseits die traditionelle Elite einer landbesitzenden Aristokratie und andererseits mit einigen Ausnahmen die neue Elite, d.h. jene, die auf Schulen und Hochschulen ausgebildet waren. Die Ursache für das fast vollständige Fehlen jener neuen Elite war das Monopol der Araber und Asiaten in Sansibar in bezug auf die Secondary Education. Das Fehlen dieser Mittelschulbildung verhinderte auch die Möglichkeit des Besuches der Universitäten. Während die wenigen afrikanischen Intellektuellen sich einerseits aktiv am Entstehen des afrikanischen Nationalismus beteiligten, waren sie andererseits auch an der ZNU beteiligt. Die Entscheidung der Kolonialmacht, den Beamten jegliche politische Betätigung zu verbieten, hatte für die afrikanischen politischen Organisationen erhebliche Konsequenzen, da nun jene in den Führungspositionen fehlten, die eine gewisse Erfahrung in Verwaltung und Organisation hatten, so daß die Araber die Einzigen waren, die über eine politisch aktive Führung verfügten.

Betroffen von dieser Entscheidung[2] waren vor allem jene wenigen afrikanischen Intellektuellen, die aktiv am afrikanischen Nationalismus, d.h. in der African Association beteiligt waren, wie der Präsident der African Association, Herbert BARNABAS, der von KARUME[3] abgelöst wurde. Durch den Verlust der Führungsspitze kam die afrikanische politische Bewegung seit 1953 in die Hände von Männern, die wenig Er-

---

1) LOFCHIE, Michael F., Background, S. 158.

2) Ebd., S. 164.

3) "Karume is the son of a slave woman from Ruanda-Urundi who came to Zanzibar shortly before he was born. Karume was technically born free, as slavery had been abolished in Zanzibar a few years before, but he lived his early years little better than a slave in the rough and tumble life of Zanzibar's streets." CAMPBELL, Jane, S. 8o f.
Er wurde 1905 in Sansibar geboren, war Seemann, sprach nur Suaheli. Er hatte in Sansibar die Grundschule besucht. Über die Anzahl der Jahre seines Schulbesuches gehen die Meinungen auseinander. WILSON, E., Who's Who in East Africa, Nairobi 1965, S. 34.

fahrung in der Verwaltung, der Politik und Organisation hatten.[1]

Eine Frage, die offenbleiben muß, soll hier schon gestellt werden: Hätte eine mit westlichen Ideen vertraute und an westlichen Universitäten ausgebildete Elite in Sansibar erreicht, daß der ideale Entwurf einer Nation Tansania Bestandteil der gedachten Ordnung der Gesellschaft von Sansibar geworden wäre? Hatte die englische Kolonialmacht mit dem Ausschluß der wenigen afrikanischen Intellektuellen aus der politischen Arbeit 1953 das Schicksal Sansibars in der Weise besiegelt, daß es nun schwer gelingt, Sansibar in eine Nation Tansania zu integrieren?

Der Rückzug der afrikanischen Beamten aus der African Association leitete die zweite Phase des afrikanischen Nationalismus ein, der zu dieser Zeit nur eine Zielvorstellung hatte, nämlich zu versuchen, die englische koloniale Herrschaft so lange wie möglich zu erhalten, um während dieser Zeit einerseits die fehlende afrikanische Elite heranzubilden und andererseits zu effektiven Organisationsformen einer nationalen Vereinigung oder Partei zu kommen. Man war der Meinung, man müsse erst das Bildungswesen verbessern, um die Afrikaner zu befähigen, in einem repräsentativen Regierungssystem neben den "Fremden" bestehen zu können. Bis zu diesem Zeitpunkt wollte man jeden verfassungsmäßigen Fortschritt, Selbstregierung und Unabhängigkeit verzögern.[2] So äußerte KARUME: "We want the British to stay - for a time - because we will learn something from the British, the Arabs are backward just like us, and they try to make slaves of us."[3] So war der afrikanische Nationalismus[4] von der Angst getragen, daß es durch die Schwäche der Afrikaner nach dem Abzug der Engländer zu einer arabischen politischen Kontrolle kommen könnte. Deshalb war man auf afrikanischer Seite bemüht, die englische Kontrolle noch für längere Zeit aufrecht zu erhalten. Erst 2-3 Jahre vor der Unabhängigkeit änderte sich diese Einstellung. Die Afrikaner begaben sich also zunächst in die Defensive. Sie lehnten einen demokratischen Staat, der auf einer über-ethnischen Basis ruhte, ab, da sie ein arabisches Übergewicht fürchteten. Für sie gab es nur eine annehmbare Lösung, die Überführung des englischen Protektorats in eine afrikanische Nation.

---

1) LOFCHIE, Michael F., Background, S. 165, 159 f.

2) Ders., Party Conflict in Zanzibar, The Journal of Modern African Studies, Vol. I, 1963, S. 190.

3) Time, Happy Island, August 5, 1957, S. 18.

4) LOFCHIE, Michael F., Background, S. 157 f.

Im Folgenden sollen die Gründe zusammengefaßt werden, die die Afrikaner veranlaßten, die bestehende gesellschaftliche Ordnung in Frage zu stellen.

- Die Afrikaner waren der Ansicht, daß sie von Migranten - Arabern und Engländern - beherrscht wurden. Die in Sansibar erscheinende Zeitung Africa Kwetu schrieb dazu:
 " Our interests have for too long been represented by the alien races and the result is ... the alien races have become the masters and the real natives of the islands and we the Africans in these islands have become the alien races denied of all justice and all the rights that a native should have."[1]

- Die Afrikaner fanden sich im politischen Bereich nicht oder unterrepräsentiert.

- Die Diskriminierung im Erziehungswesen war eine der wesentlichsten Ursachen, die den Afrikanern den Aufstieg erschwerte.

- Die fremde Kontrollausübung führte dazu, daß die Afrikaner in Unwissenheit und unwürdigen Verhältnissen lebten. Die englischen Migranten machten die afrikanischen Autochtonen politisch hoffnungslos, da sie ihnen die gleichen Möglichkeiten versagten.

- Prinzip der englischen Kontrolle war es - was die politische Repräsentation anbetraf - , zwischen den Schirazis und den Festland-Afrikanern zu unterscheiden, um somit einer Einheit der beiden ethnischen Gebilde entgegenzuwirken.

Die Afrikaner wiesen auf den englischen und arabischen Kolonialismus hin und erklärten, daß es für die afrikanischen Autochthonen nur eine Lösung für das Protektorat Sansibar gebe, es zu einem unabhängigen afrikanischen Staat zu machen.[2]

---

1) Africa Kwetu, September 25, 1952, zitiert bei: LOFCHIE, Michael F., Background, S. 161.

2) Ebd., S. 161 ff.

2. Die Gründung von politischen Parteien

Die Partei[1] stellt einen besonderen Typ unter den Interessengruppen dar. Unter dem Oberbegriff Interessengruppen, der Verbände und Parteien einschließt, werden alle "... von gesellschaftlichen Strukturarrangements bedingten Organisationen ..." verstanden, "... die auf die Legitimität des politischen Herrschaftsverbandes bezogen sind."[2] In einer parlamentarischen Demokratie verteilen, von Ausnahmen abgesehen, die Parteien den Zugang zu den politischen Führungspositionen im Staat, d.h. ihre Zielvorstellung ist es, durch Wahlen in den Besitz der Regierungsfunktionen zu kommen. Politische Parteien in den Kolonien, wie z.B. in Afrika, entstanden zumeist aus nationalen Bewegungen und hatten die Zielvorstellung, die kolonialen politischen Herrschaftsstrukturen zu verändern. Parteien haben eine wesentliche Funktion bei der politischen Sozialisierung.[3] Sie spielen in dieser Beziehung in den neu sich entwickelnden Nationen eine bedeutendere Rolle als in den frühen Phasen der Parteienentwicklung auf dem europäischen Kontinent oder in den Vereinigten Staaten.

Im Folgenden wird eine kurze Aufzählung der Parteien im Protektorat Sansibar vor der Unabhängigkeit gegeben.

- Die <u>Zanzibar Nationalist Party</u> (ZNP) versuchte, unter Führung der Oman-Araber, mit einem überethnischen Konzept Anhänger bei allen ethnischen Gemeinschaften zu finden. 1963 trennte sich Abdul Rahman MOHAMMED (Babu) und mit ihm ein erheblicher Teil Radikaler, die der Führungsspitze angehörten, von der ZNP und gründeten die Umma Party.

- Die <u>Afro-Shirazi Union</u> (ASU) war eine Vereinigung der Shirazi Association und der African Association. 1959 spaltete sich die ASU.[4]

---

1) LANGE, Max G., Politische Soziologie, Berlin 1961, S. 61.

2) Ebd.

3) LANGE, Max G., S. 61. "By suggesting that parties have an important effect on the integration of a nation, the pattern of extended participation, the legitimacy of its political framework, and the management of political conflict, we are in effect implying that parties are an instrument for political socialization." WEINER, Myron and LAPA - LOMBARA, Joseph, Conclusion, in: LAPALOMBARA, Joseph and WEINER, Myron (Eds.), Political Parties and Political Development, Princeton 1966, S. 424.

4) MIDDLETON, John and CAMPBELL, Jane, S. 54.

Der eine Teil unter KARUME nannte sich nun Afro-Shirazi Party (ASP), der sich vor allem die Festland-Afrikaner anschlossen, während der andere Teil unter SHAMTE die Zanzibar and Pemba Peoples' Party (ZPPP) gründete.

- Die Zanzibar and Pemba Peoples' Party (ZPPP) bestand vor allem aus Schirazis.

- Die Umma Party.

Während der sansibarische Nationalismus als eine Schöpfung der arabischen Minderheit angesehen werden muß, war die ZNP weder die Partei[1] der Arab Association, noch von ihr gegründet worden. 1955 entwickelte eine kleine Gruppe von schirazischen Bauern eine politische Partei, die NPSS (National Party of the Subjects of the Sultan of Zanzibar). Bald traten Araber ein und übernahmen die Führung. Die ersten waren Ali MUHSIN[2] und Amour ZAHER. Sie änderten den Namen der Partei in ZNP (Zanzibar Nationalist Party) und machten aus einer Vereinigung von Bauern eine städtische, von Arabern beherrschte, nationalistische Partei. Seit 1957 schlossen sich der ZNP in zunehmendem Maße jüngere Journalisten, Lehrer und andere ehemalige Beamte an, die die Partei durch ihre Erfahrung in Organisationen bereicherten.[3]

In der ZNP blieb die Position des Präsidenten und Vizepräsidenten, die beide nur Repräsentationsfunktionen hatten, den afrikanischen Gründern vorbehalten, während die Exekutive dieser Partei von den Arabern beherrscht wurde. Ali MUHSIN[4] war der einflußreichste Mann in der ZNP,

---

1) LOFCHIE, Michael F., Background, S. 147, 153 f.

2) Ali Muhsin war Mitglied des Executive Committee der Arab Association. Siehe dazu: LOFCHIE, Michael F., Zanzibar, S. 485.

3) LOFCHIE, Michael F., Background, S. 224.

4) Ali Muhsin, der arabischer Abstammung war und dessen Familie seit 3 Generationen auf der Insel Sansibar lebte, wurde 1919 geboren und hatte am Makerere College in Kampala - Uganda - Landwirtschaft studiert. Danach lehrte er am Teacher Training College in Sansibar und trat mit einer ausgesprochen antikolonialen Einstellung in die Politik ein. Siehe dazu: SEGAL, Ronald, Political Africa: A Who's Who of Personalities and Parties, New York 1961, S. 195.

er war Mitglied des Executive Committee. BABU[1] hatte die Position des Generalsekretärs in der ZNP, dessen Funktion es war, einen effektiven Wahlapparat zu schaffen. Er war der Hauptstratege in dem Kapmf nach zwei Seiten - gegen die englische Kolonialmacht und gegen die ASP -. In der Wahlpropaganda trat die ZNP für Sansibar als autonomen islamischen Staat ein. Von der Ideologie her gesehen entwickelte die ZNP ein antikoloniales Konzept gegen die Kontrolle der Engländer. Ali MUHSIN vertrat einen demotischen Nationalismus, verbunden mit einer liberalen mohammedanischen Erneuerung. Er versuchte auf der Grundlage des Korans einen Antikolonialismus und gewisse demokratische Vorstellungen zu entwickeln. BABU, der Marxist Pekinger Prägung war, gelang es nicht, seine Ideen gegenüber Ali MUHSIN durchzusetzen.[2]

Die interethnischen Beziehungen der ZNP spielten sich zwischen einer ausgebildeten arabischen Elite und afrikanischen Analphabeten ab. Das Fehlen einer afrikanischen Führungsschicht bedeutete, daß die Afrikaner - hier vor allem die Schirazis - kaum Möglichkeiten in der ZNP hatten und die Führungspositionen wegen mangelnder Qualifikation den Arabern überlassen mußten. Die ZNP war die erste nationalistische Partei in Sansibar. Sie war überethnisch, trat für die Beseitigung der ethnischen Repräsentation im Legislative Council ein und forderte die Unabhängigkeit. In gewissen Zügen muß sie von anderen nationalistischen Parteien in Afrika unterschieden werden.

- Sie war auf dem Lande gegründet worden. Ihre ersten Funktionäre und Organisatoren lebten auf Pflanzungen. Sie waren also nicht Mitglieder der Mittel- und Oberschichten - wie Lehrer, Beamte, Gewerkschaftler oder Juristen -, die ansonsten mit dem Aufflammen des Nationalismus auftreten.

---

1) Babu, dessen Vorfahren Araber und Bewohner der Inseln der Comoren waren und der eine dunkle Hautfarbe hatte, wurde 1924 geboren und studierte am Makerere College in Kampala - Uganda - und später an der Universität in London Englische Literatur, Sozialpsychologie, Zeitungswissenschaft und Philosophie. Nachdem er 6 Jahre in der Zanzibar Clove Growers' Association und weitere 6 Jahre in einer Bank in London gearbeitet hatte, trat er 1957 aktiv in die Politik in Sansibar ein. Siehe dazu: The New Africans: Reuters Guide to the Contemporary History of Emergent Africa and its Leaders, London 1967, S. 421 f.; SEALE, Patrick, The Anarchist from Notting Hill Gate, Observer, March 8, 1964.

2) LOFCHIE, Michael F., Background, S. 228.

- Sie entsprang nicht irgendeiner proto-nationalen Organisation - wie Gewerkschaften, Bauernverbände oder Berufsorganisationen -, die die Parteigründer zu einer politischen Organisation stimuliert hätten.

Trotzdem muß darauf aufmerksam gemacht werden, daß bis jetzt die Beziehungen zwischen der Arab Association und der ZNP nicht geklärt sind und erst noch einer Untersuchung bedürfen. Die Führer der Arab Association waren davon überzeugt, daß nur eine überethnische Partei Aussicht auf Erfolg hatte. Würden sie also selbst eine Partei gründen, so würde man ihnen vorwerfen, daß sie als Araber diese Partei beherrschten, was wenig Aussicht bot, in den Wahlen eine Mehrheit zu erreichen.[1]

Die ZNP profitierte von gewissen ethnischen Differenzen[2] zwischen Schirazis und Festland-Afrikanern. Sie versuchte die Schirazis für die ZNP zu gewinnen, indem sie die Festland-Afrikaner als unerwünschte Eindringlinge in ein Land bezeichnete,[3] in dem Araber und Schirazis immer friedlich zusammengelebt hatten. Die Afrikaner widerstanden dem antikolonialen Konzept der ZNP und versuchten solange die englische koloniale Kontrollausübung zu erhalten, bis sie imstande waren, ihre Führungspositionen mit geeigneten Afrikanern zu besetzen.[4]

Erst ein Jahr nach Gründung der ZNP[5] und nur 6 Monate vor den ersten Wahlen wurde im Februar 1957 der Versuch unternommen, eine afrikanische politische Bewegung zu gründen, d.h. Führer der Shirazi und African Association trafen sich, um eine politische Partei zu gründen. Doch die Bemühungen hatten nur wenig Erfolg. Nur für die Insel Sansibar war man übereingekommen, für die Wahl ein loses Bündnis - die Afro-Shirazi-Union - zu bilden, wobei jedoch die beiden Organisationen der African und Shirazi Association bestehen blieben. Für die Insel Pemba wurde entschieden, daß die beiden Assoziationen als rivalisierende Organisationen in den Wahlkampf gehen sollten.

---

1) LOFCHIE, Michael F., Party Conflict, S. 192.

2) Untersuchungen über die Beziehungen zwischen Arabern und anderen Gruppen in Ostafrika, wie auch zwischen Schirazis und Festland-Afrikanern scheinen zu fehlen. Siehe dazu: MOLNOS, Angela, S. 82.

3) LOFCHIE, Michael F., Zanzibar, S. 486.

4) "When an African party did appear, its impetus was far less an enlightened awareness of the revolutionary changes occurring elsewhere in Africa than a deeply rooted fear that if the Britisch presence was removed the Arab community would be able permanently to consolidate its position as the ruling class". Ebd., S. 487.

5) LOFCHIE, Michael F., Revolution, S. 941.

Das Unvermögen der Schirazis und Festland-Afrikaner, eine politische
Partei zu gründen, muß einerseits in den Unterschieden gesehen werden,
die zwischen den autochthonen Schirazis und den eingewanderten Festland-
Afrikanern in ethnischer als auch beruflicher, d.h. schichtspezifischer
Hinsicht bestanden, als auch in der unterschiedlichen Einstellung gegenüber den Arabern. Die Festland-Afrikaner waren der Meinung, daß der
Grund ihrer Anwesenheit in Sansibar entweder durch den arabischen
Sklavenhandel - sie waren Nachkommen von Sklaven - oder durch die
arabischen Nelkenpflanzungen bedingt war, auf denen sie als Landarbeiter
ihren Lebensunterhalt verdienen. Sie waren zum erheblichen Teil aus
ihren ethnischen Gebilden auf dem Festland desintegriert und noch nicht
oder nur wenig in die sansibarische Gesellschaft integriert.

Von den Schirazis hatten nur die Hadimu eine tiefe Abneigung gegen die
Araber, da sie der Meinung waren, daß das von den Arabern landwirtschaftlich genutzte Land einstmals ihr Eigentum gewesen war. Außerdem
erregten die, im Verhältnis zu ihrem landwirtschaftlich genutzten Gebiet,
sehr produktiven arabischen Pflanzungen ihren Unmut. Viele Hadimus,
die zeitweise in der Stadt Sansibar lebten, wurden von der anti-arabischen
Einstellung der Festland-Afrikaner beeinflußt und verbreiteten diese nach
ihrer Rückkehr auf das Land.[1]

In Pemba war der Unterschied zwischen Arabern und Schirazi weniger
deutlich als zwischen Schirazi und Afrikanern. Das ist historisch begründet.[2] So suchten die Pemba-Schirazi eine Partei, die weder von Arabern
noch von Festland-Afrikanern beeinflußt war. Ein erheblicher Teil der
Schirazis sah Sansibar als eine kulturelle Einheit an, das nur im geographischen Sinne dem afrikanischen Festland benachbart war.

---

1) LOFCHIE, Michael F., Revolution, S. 942.

2) "Land relations between Arabs and Africans in Pemba also became a
basis for inter-ethnic solidarity rather than a source of intense racial
friction. Arable land in Pemba is far more plentiful and widely distri-
buted than in Zanzibar. For this reason, Arab land alienation did not
deprive the African community of nearly all the best land, nor did it
result in a rigid pattern of racial segregation based on land ownership.
Arab and African farmers lived side by side ...." Ders., Background,
S. 48. Afrikaner bedeutet in diesem Zitat Schirazi.

Nach den Wahlen von 1957 schloß sich die Shirazi Association in Pemba[1] der Afro-Shirazi Union, die nun in Afro-Shirazi Party - ASP - umbenannt wurde, an. Die beiden gewählten Abgeordneten der Shirazi Association von Pemba - SHAMTE und MUSA - traten im Legislative Council als Mitglieder der ASP auf.

Die ASP, die von KARUME geführt wurde, kam nur schwer zu einer Einheit, da es innerhalb der Partei einen Machtkampf zwischen Schirazis und Festland-Afrikanern gab. Das Mißtrauen, das zwischen KARUME und den Führern der Shirazi Association bestand, wurde zwar die ersten 1 1/2 Jahre hinuntergespielt. Die Rivalität zwischen den beiden ethnischen Gebilden führte aber doch im Dezember 1959 zur Spaltung der ASP.[2]

Dem einen Teil der ASP unter KARUME schlossen sich vor allem die Festland-Afrikaner an, der andere Teil unter SHAMTE nannte sich ZPPP (Zanzibar and Pemba Peoples' Party) und wurde vor allem von den Schirazis von Pemba bevorzugt. Es war nicht gelungen, jenes nur lose Wahlbündnis der beiden afrikanischen Assoziationen in eine politische Organisation umzuwandeln, die imstande gewesen wäre, einen entsprechenden Wahlkampf zu führen. Die ASP hatte nicht die technischen und finanziellen Quellen, um einen modernen Wahlkampf zu führen, d.h. der ASP fehlte einerseits eine gut ausgebildete Elite und andererseits z.B. eine landbesitzende Schicht wie sie die ZNP hatte. Sie war nicht imstande, auf lokaler Ebene die Führungspositionen zu besetzen, da sie im wesentlichen eine Partei von Fischern und Bauern auf dem Lande und von Arbeitern in der Stadt war.

Ideologische Konflikte wurden vor allem durch jüngere Mitglieder hervorgerufen, die kommunistischen Ideen Moskauer oder Pekinger Prägung anhingen. KARUME, von dem man sagen kann, daß er ein Politiker mit Charisma war, hatte viele Anhänger unter den Afrikanern.[3]

---

1) Great Britain, Central Office of Information. Zanzibar, Reference Pamphlet 60, London 1963, S. 24.

2) CAMPBELL, Jane, S. 81.

3) CAMPBELL, Jane, S. 81; WEBER, Max, Wirtschaft und Gesellschaft, 4. Aufl., Tübingen 1956, Bd. I, S. 124. Hier muß die Frage aufgeworfen werden, die noch einer Untersuchung bedarf, inwieweit nicht das Charisma eines Führers in den neuen Staaten Afrikas eine Nationwerdung vortäuscht, die bis jetzt gar nicht vollzogen ist. Es erhebt sich die Frage, ob nicht, wenn die gegenwärtige Führungsgeneration in den neuen afrikanischen Staaten abtritt, die zentrifugalen Kräfte der ethnischen Gebilde "... dissolve many new nation-states into chaotic fractions.". SULZBERGER, C.L., The Power of Tribes, International Herald Tribune, May 19, 1971, S. 6.

So stand die Idee der ZNP Sansibar als arabisch-afrikanische und islamische Einheit der Idee der ASP gegenüber, Sansibar als afrikanische Einheit zu sehen. Vor den Wahlen von 1963, die letzten vor der Unabhängigkeit, waren sich die Parteiführer einig, daß der Sieg der gewinnenden Partei einen großen Vorteil im Kampf um die Kontrolle der Regierung geben würde.[1]

Mohammed SHAMTE[2] und Ali SHARIF, die sich nach den Wahlen 1957 an die ASP im Legislative Council angeschlossen hatten, und Ameri TAJO, ein Hadimu, der Mitglied im Executive Committee der ASP und Mitglied des Legislative Council war, verließen 1959 die Afro-Shirazi Party und gründeten die Zanzibar and Pemba Peoples' Party (ZPPP).[3] Diese Partei hing vollständig von der Pemba Shirazi Association ab, d.h. die beiden konnten organisatorisch überhaupt nicht unterschieden werden. Die ZPPP war als überethnische Alternative zur ASP und ZNP gedacht und war am stärksten unter den Schirazis in Pemba vertreten.[4] SHAMTE, der Führer der Schirazi Gruppe, die die ASP verlassen hatte, war mit dem Führungsstil von KARUME, den er als Hetzer bezeichnete, nicht einverstanden.[5]

Die ZPPP trat in nahe Beziehungen zur ZNP und bildete nach der Wahl von 1961 mit dieser eine Regierungskoalition. Die Mehrheit der Sansibar-Afrikaner - der Schirazis und Festland-Afrikaner der Insel Sansibar - sah in dieser Koalition eine Vorherrschaft der Araber. Die von MUHSIN[6] geführte ZNP überließ bei der Koalition mit der ZPPP aus taktischen Gründen deren Führer SHAMTE den Spitzenposten in der Regierung, damit ein Afrikaner die Führung habe. Die Koalition mit der ZNP brachte bei der ZPPP eine gewisse Spaltung, da nämlich der Generalsekretär und

---

1) LOFCHIE, Michael F., Background, S. 215.

2) "Shamte is an educated man who has spent many years as a teacher and as superintendent of primary schools in Pemba. He comes from a well-to-do Shirazi family and owes a clove plantation in Pemba. He resigned from the Government in 1957, after many years of service, to stand for election in South Pemba, where he won easily." CAMPBELL, Jane, S. 81.

3) LOFCHIE, Michael F., Revolution, S. 948.

4) Great Britain, Central Office of Information, Zanzibar. London 1963, S. 31.

5) CAMPBELL, Jane, S. 81.

6) LOFCHIE, Michael F., Background, S. 92.

vier Abgeordnete zur ASP übertraten. Das bedeutete eine Schwächung der ZPPP und den Verlust der Hoffnung, als dritte politische Kraft neben der ZNP und der ASP in Sansibar wirken zu können.[1] Für die Wahlen vom Juni 1961 entschied sich die ZPPP, mit der ZNP eine Wahlgemeinschaft einzugehen.

Kurz vor den Wahlen[2] im Jahre 1963 hatte BABU, der Generalsekretär der ZNP war, und 2 andere Mitglieder des Executive Committee dieser Partei die ZNP verlassen und die Umma Party gegründet. BABU hatte nach zweijährigen Spannungen mit Ali MUHSIN aus ideologischen Gründen die ZNP verlassen. Es war in der ZNP zu einem Machtkampf gekommen, ob die Wertvorstellungen des Islams oder des Marxismus in einer zukünftigen, von der ZNP kontrollierten Regierung maßgebend sein sollten.[3]

Ali MUHSIN behielt mit den parlamentarischen Abgeordneten die Oberhand. Das islamische Konzept Ali MUHSINs wurde von BABU als "... the product of a 'bourgeois' class position ..."[4] bezeichnet. Der endgültige Bruch zwischen MUHSIN und BABU wurde jedoch nicht durch ideologische Differenzen hervorgerufen, sondern durch unterschiedliche Auffassungen der Wahlstrategie einerseits und der Möglichkeiten andererseits, zu einer multiethnischen Gesellschaft auf demokratischer Basis zu kommen. BABU trat dafür ein, nicht nur Araber, sondern auch Afrikaner als Kandidaten der ZNP für die Wahl im Jahre 1963 aufzustellen.[5]

Die Umma Party hatte sich nicht an den Wahlen von 1963 beteiligt, wurde aber nach diesem Zeitpunkt zu einer regierungsfeindlichen Kerngruppe, die andere oppositionelle Kräfte, wie Mitglieder der Gewerkschaften, der ASP und der Presse sammelte. In dieser Gruppe entstand das Konzept eines gewaltsamen politischen Wechsels in Sansibar. Die Mehrzahl der oppositionellen Kräfte in Sansibar wurde zur Umma Party hingezogen, da die ASP zu dieser Zeit nicht imstande war, aktiv in die politische Auseinandersetzung einzugreifen, nicht zuletzt deshalb, weil ihr eine ausgebildete politische Elite fehlte, sie konnte innerhalb der Opposition keine Alternative zur Umma Party bieten. In der Ideologie der Umma Party verband sich ein multiethnisches (demotisches), nationales mit einem kommunistischen Konzept Pekinger Prägung.

---

1) LOFCHIE, Michael F., Zanzibar, S. 5o5.
2) Ders., Background, S. 258 ff.
3) Ebd., S. 258.
4) Ebd.
5) Zanzibar Nationalist Party, Statement on Babu's Resignation, Zanzibar, Mimeograph, 1963, zitiert bei: LOFCHIE, Michael F., Background, S. 259.

3. Die Wahlen

In Sansibar fanden zwischen 1957 und 1963 mehrere Wahlen statt. Ehe darauf eingegangen wird, soll eine kurze Definition gegeben werden, was unter einer Wahl verstanden wird. Eine Wahl stellt einen Prozeß [1] dar, der sich innerhalb eines institutionellen Rahmens vollzieht. Die Stimmenabgabe kann in einem politischen Gemeinwesen nur als einer von vielen wichtigen Akten gesehen werden, was die Zuteilung faktischer und legitimer Macht betrifft.

Aus der Mandatsverteilung [2] folgt die formal-legitimierte Funktion der Wahl. Diese Mandatsverteilung zeigt die Auswirkung des Wahlverfahrens auf das Regierungssystem an. "Wahlverfahren regeln den Erwerb von Herrschaft ...." [3] und formen Parteipräferenz in politische Macht um. [4] Stimmenmehrheit muß nicht Mehrheit der Mandate bedeuten. Eine Diskrepanz zwischen Stimmenverteilung und Mandatsverteilung kann unter Umständen zu schwerwiegenden Folgen in noch jungen Demokratien führen, in denen der politische Prozeß der parlamentarischen Demokratie noch nicht in dem Maße integriert ist, wie in den länger bestehenden Demokratien, d.h. die politische Sozialisierung hat noch nicht das wünschenswerte Ausmaß erreicht, das notwendig wäre, um den politischen Prozeß in einer parlamentarischen Demokratie zu begreifen. LOFCHIE berichtet dazu: "There was no widespread acceptance among Zanzibaris of a basis political philosophy which might have led to a commitment to democratic parliamentary procedures. The symbolic political values of this society were confined strictly to party goals, and for this reason, the preservation of the representative system was treated with broad indifference ..." [5]

Bei den Wahlen in Sansibar zwischen 1957 und 1963 hatten nur jene die Möglichkeit zu wählen, die naturalisiert waren. Während die ZNP diese Naturalisierung vor allem für Einwanderer aus dem südlichen Arabien organisierte, unterzog sich die ASP nicht diesen Bemühungen für Einwanderer vom afrikanischen Festland. [6]

---

1) SCHEUCH, Erwin K. und WILDERMANN, Rudolf, Zur Soziologie der Wahl, KZSS, Sonderheft 9, 1965, S. 9.

2) Ebd., S. 74.

3) FRAENKEL, Ernst und BRACHER, Karl Dietrich (Hrsg.), Staat und Politik, Frankfurt 1964, S. 355.

4) SCHEUCH, Erwin K. und WILDERMANN, Rudolf, S. 11.

5) LOFCHIE, Michael F., Background, S. 271.

6) MIDDLETON, John und CAMPBELL, Jane, S. 64.

Die ethnische Identifizierung war entscheidend in Sansibar, jedoch wurde das Wahlverhalten[1] auch von historischen, religiösen und sozio-ökonomischen Gründen "as crosspressure influences" bestimmt. Die spätere Koalition der ZNP/ZPPP konnte gewisse Identifizierungs-Alternativen zum Ethnischen, wie die Institution des Sultanats, den Islam und geschichtliche und wirtschaftliche Beziehungen zwischen Arabern und Pemba-Schirazis in sich vereinen. Wie bereits erwähnt, war den Afrikanern durch wirtschaftliche Ausbeutung und kulturelle Diskriminierung - im Erziehungswesen - der Aufstieg in die Mittel- und Oberschichten im allgemeinen nicht möglich. Während die wenigen Afrikaner, die eine bessere Schulbildung genossen hatten, sich nur in ihrer kargen Freizeit den politischen Angelegenheiten widmen konnten, war ein Teil der arabischen Führungsschicht wirtschaftlich unabhängig und hatte Zeit für politische Angelegenheiten. 1953 verboten die Engländer allen Angestellten der Regierung jede politische Tätigkeit. Dieses Verbot traf vor allem die in der Kolonialverwaltung tätigen Afrikaner.[2]

Die ersten Wahlen wurden 1957 abgehalten. Das Protektorat war zu diesem Zweck in 6 Wahlkreise eingeteilt worden, in denen je ein Kandidat gewählt werden konnte. Wählbar waren männliche Protektoratsangehörige, die bestimmte Qualifikationen erfüllten, was das Alter, den Wohnsitz und die Fähigkeit zu lesen und zu schreiben betraf. Letztere entfiel für Personen über 40 Jahre. Außerdem spielten gewisse andere Qualifikationen, wie Einkommen, Besitz und Beschäftigung im "government service" eine Rolle.[3]

Die ASU gewann 3 Sitze auf der Insel Sansibar, die Shirazi Association von Pemba 2 Sitze auf der Insel Pemba und die Muslim Association, eine Vereinigung von Asiaten mohammedanischen Glaubens, einen Sitz in der Stadt Sansibar. Nach den Wahlen schlossen sich die African und die Shirazi Association von Pemba zusammen und bildeten mit der ASU von Sansibar die Afro-Shirazi Party (ASP), die nun 5 Sitze im Legislative

---

1) LOFCHIE, Michael F., Background, S. 252.

2) "Most of those who were active in this endeavor belonged to a small social club called the Young African Union (YAU), founded in 1951. Their membership in the YAU caused it to become an organizational center for politically conscious Africans. The YAU had semi-official status as the youth league of the African Association ..." LOFCHIE, Michael F., Background, S. 16o.

3) Great Britain, Central Office of Information, Reference Pamphlet 60, London 1963, S. 24.

Council hatte. Die verbleibenden 6 "representative seats" wurden von den Engländern mit 4 Arabern und 2 Asiaten besetzt, darunter war Ali MUHSIN, der in seinem Wahlkreis KARUME, dem Präsidenten der ASU, unterlegen war.[1] In der Zeit nach den Wahlen von 1957 kam es zu stärkeren Spannungen zwischen den ethnischen Gebilden, wobei sich die politischen Konflikte auf andere Bereiche der Gesellschaft ausdehnten, so z.B. auf den wirtschaftlichen.[2]

1960 gaben die Engländer Sansibar[3] eine neue Verfassung, woraufhin im Januar 1961 Wahlen für den Legislative Council abgehalten wurden. Die ASP erhielt 10, die ZNP 9 und die ZPPP 3 Sitze. Zum ersten Male waren Frauen wahlberechtigt. Das eigenartige Merkmal dieser Wahlen war, daß es die ZNP durch ihr vielseitiges Wahlprogramm (Sansibar als multiethnischer Staat, Beibehaltung des Sultanats und baldige Unabhängigkeit) verstanden hat, zunehmende Popularität zu gewinnen.[4]

Von den 94.310 Wahlberechtigten hatten 84.962 ihre Stimme abgegeben. Die Verteilung[5] war folgende:

Afro-Shirazi Party	40,2 %
Zanzibar Nationalist Party	35,8 %
Zanzibar and Pemba Peoples' Party	17,0 %
Zurückgewiesen	7,0 %

Das im Verhältnis zur Wahl von 1957 schlechte Abschneiden der ASP bei der Sitzverteilung ist darauf zurückzuführen, daß ihre Anhänger auf wenige Wahlbezirke beschränkt waren. Die englische Protektoratsregierung stellte dazu fest:

"Bitter disappointment on the part of the Afro-Shirazi Party at the success of the main opponent, the Zanzibar Nationalist Party, in the January elections, its inability to command a majority of the elected members in the Legislative Council to enable it to form a Government, and the general

---

1) Zanzibar Protectorate, Report of the Supervisor on the Elections in Zanzibar 1957, Zanzibar 1958.
2) LOFCHIE, Michael F., Revolution, S. 946.
3) MIDDLETON, John and CAMPBELL, Jane, S. 55 ff.
4) LOFCHIE, Michael F., Party Conflict, S. 205.
5) Great Britain, Report of a Commission of Inquiry into Disturbances in Zanzibar during June 1961, London 1961, S. 5.

feeling by its leaders and supporters that they had been cheated, had the effect of further adding fuel to the fire." [1]

Im Juni 1961 wurde eine weitere Wahl abgehalten, wobei die Sitze auf 23 vermehrt wurden, um zu einer klaren Mehrheitsentscheidung zu kommen. Die ASP erhielt 10 Sitze, die ZNP 10 Sitze und die ZPPP 3 Sitze. Die ZNP und die ZPPP bildeten eine Regierungskoalition. Der Chief Minister war SHAMTE, der Führer der ZPPP, die übrigen Minister gehörten zur ZNP. Die Bildung dieser Koalitionsregierung zeigte, daß die Schirazis von Pemba keine Sympathien für die anti-arabische Einstellung der ASP hatten. [2]

Bei den Wahlen gab es folgende Stimmenverteilung: [3]

Afro-Shirazi Party	49,9 %
Zanzibar Nationalist Party	35,0 %
Zanzibar and Pemba Peoples' Party	13,7 %
Zurückgewiesen	1,4 %

Es zeigt sich hier eine erhebliche Diskrepanz zwischen der Sitz- und der Stimmverteilung zu ungunsten der ASP. Shariff MUSA, einer der Führer der ASP, erklärte, daß die ASP wegen der für sie ungünstigen Wahlkreiseinteilung in Pemba so schlecht bei der Sitzverteilung abgeschnitten habe. [4] Er warf der englischen Kolonialmacht vor, daß das absichtlich geschehen sei.

Im Juni 1963 erhielt Sansibar die innere Selbstverwaltung, kurz danach starb der Sultan, dem sein Sohn auf dem Thron folgte. Im Juli 1963 wurden wieder Wahlen [5] abgehalten. Die ASP erhielt 13 Sitze, die ZNP 12 Sitze und die ZPPP 6 Sitze. Im Gegensatz zu der Sitzverteilung - die Einteilung der Wahlkreise, die durch die englische Protektoratsregierung vorgenommen worden war, war wieder absichtlich oder unabsichtlich sehr ungünstig für die ASP - erhielt die ASP 54 % der Stimmen (1961 50 %), also die absolute Mehrheit der Stimmen, aber nicht die absolute Mehrheit

---

1) Great Britain, Report of a Commission of Inquiry, S. 15.
2) LOFCHIE, Michael F., Revolution, S. 950.
3) Great Britain, Report of a Commission of Inquiry, S. 6.
4) The Guardian, June 3, 1961.
5) MIDDLETON, John and CAMPBELL, Jane, S. 61 f.

der Sitze. Die ZNP erhielt 30% (1961 35%), die ZPPP 16% (1961 14%) der Stimmen. SHAMTE blieb nach der Wahl wie bisher Premier-Minister. Er bot der ASP die Möglichkeit, sich an der Regierung zu beteiligen, unter der Bedingung, daß die ASP aufgelöst würde und die parlamentarischen Abgeordneten sich einzeln um die Mitgliedschaft in der ZPPP bewerben würden. Diese Forderung rief bei der ASP eine tiefe Bitterkeit hervor.[1]

Das unheilvolle Merkmal dieser Wahlen war, daß die ASP 54 % der Stimmen - 13000 mehr als die Gegenparteien - erhielt und trotzdem nicht die Mehrheit der Sitze. Bei einer Prüfung der Wahlkreisgrenzen kann aber festgestellt werden, daß diese nicht zum Vorteil irgend einer Partei gezogen worden waren.[2]

Wie bei den Wahlen im Juni 1961 waren auch 1963 die Stimmen der ASP auf wenige Gebiete konzentriert, so z.B. auf die Stadt Sansibar und die zentralen und südlichen ländlichen Gebiete der Insel Sansibar, wo die ASP z.T. über 80 % der Stimmen erhielt. Jedoch, die Mehrheit der Stimmen zu gewinnen und doch die Wahl zu verlieren, führte bei den Afrikanern zu einer politischen Frustration, die die allgemeine Unsicherheit weiter erhöhte.[3] Die Wahlniederlage der ASP war die indirekte Ursache der Revo-

---

1) LOFCHIE, Michael F., Background, S. 220.

2) LOFCHIE, Michael F., Revolution, S. 953.

3) Die nachfolgende Tabelle gibt die Ergebnisse der Wahlen von Januar 1961, Juni 1961 und Juli 1963 in bezug auf Anzahl der Wahlkreise und prozentualen Anteil der Stimmen.

		January 1961 N[a]	P[b]	June 1961 N	P	July 1963 N	P
Zanzibar	ASP	8	61.1	8	63.6	11	63.1
	ZNP	5	34.6	5	32.4	6	31.5
	ZPPP	0	4.3	0	4.0	0	5.4
	Total	13	100.0	13	100.0	17	100.0
Pemba	ASP	2	23.0	2	36.6	2	44.4
	ZNP	4	43.0	5	38.8	6	28.0
	ZPPP	3	34.0	3	24.6	6	27.6
	Total	9	100.0	10	100.0	14	100.0
Total	ASP	10	43.2	10	50.6	13	54.2
	ZNP	9	38.5	10	35.5	12	29.8
	ZPPP	3	18.3	3	13.9	6	16.0
	Total	22	100.0	23	100.0	31	100.0

a N= number of constituencies   b P= percentage of popular vote
LOFCHIE, Michael F., Plural Society, S. 320.

lution im Januar 1964. Die Koalitionsregierung der ZNP/ZPPP war mit der Tatsache konfrontiert, daß einerseits im Protektorat über die Hälfte und andererseits auf der Insel Sansibar 2/3 der Wähler gegen sie gestimmt hatten. Die politische Stabilität wurde außerdem durch die in demokratischer Sicht fragwürdigen Maßnahmen der Koalitionsregierung weiter erschüttert. Reisen zum und vom Festland wurden sehr eingeschränkt. Außerdem begrenzte die Koalitionsregierung die Aktivitäten der ASP und der Umma Party und führte die Kontrolle der Presse ein.[1]

Als sehr kritisch und folgenschwer muß die Entlassung der Afrikaner - vor allem waren es Festland-Afrikaner - angesehen werden, die die unteren Ränge der Polizei inne hatten. Die Regierung besetzte diese Posten aus Sicherheitsgründen mit Arabern und Asiaten. Nur kurze Zeit später trugen diese entlassenen Polizisten in entscheidendem Maße zum Gelingen der Revolution bei.

II. Die Unabhängigkeit

Am 10. Dezember 1963 erhielt Sansibar die Unabhängigkeit. Am 12. Januar 1964 kam es zu einer Revolution, bei der die Regierung gestürzt und durch einen Revolutionsrat ersetzt wurde.

1. Die vorrevolutionäre sansibarische Gesellschaft

Um die Ursachen zu klären, die in Sansibar zur Revolution führten, wird das Modell der pluralen Gesellschaft eingeführt. Mit Hilfe dieses Modells soll eine Analyse der sansibarischen Gesellschaft zum Zeitpunkt der Unabhängigkeit - Dezember 1963 - vorgenommen werden.

Es gibt zwei im Widerspruch zueinander stehende Modelle in bezug auf Gesellschaften, die vom Pluralismus geprägt sind. In beiden Fällen wird der Begriff Pluralismus zur Kennzeichnung der Struktur der Gesellschaft herangezogen. Von dem Modell der pluralen muß das Modell der pluralistischen Gesellschaft unterschieden werden.

---

1) LOFCHIE, Michael F., Background, S. 266.

Das Modell der pluralen Gesellschaft oder wie KUPER[1] es bezeichnet, das Konflikt-Modell des Pluralismus, stammt von FURNIVALL[2], der dazu folgende Definition gibt:
"... the political form of the plural society is one of colonial domination, which imposes a Western superstructure of business and administration on the native world, and a forced union on the different sections of the population."[3]

Die umfassendste Analyse gibt SMITH,[4] der die plurale Gesellschaft im Sinne von FURNIVALL sieht, d.h. mit denselben Merkmalen aber innerhalb eines anderen theoretischen Bezugsrahmens. Während in homogenen Gesellschaften die Mitglieder die gleichen Institutionen teilen, kommt es in pluralen Gesellschaften zu einer Kombination von kulturellem und strukturellem Pluralismus, d.h. zu unterschiedlichen Institutionen und zur Spaltung innerhalb der Gesellschaft. Jedoch wird eine Pluralität der politischen Institutionen verneint. SMITH ist der Meinung, daß "... if the different units of the plural society were to carry on their different institutional practices, including the political, they would constitute separate societies. Since they are bound together within a single policy, however, it must follow that the former political institutions of subordinate sections have been repressed as a condition of the political unity of the total society under control of the dominant group"[5]. Wenn die "dominant group" zugleich eine Minorität ist, kann man von einem extremen Typ der pluralen Gesellschaft sprechen, wobei die Möglichkeit der Machtausübung mittels

---

1) KUPER, Leo, Chapter 1, Plural Societies: Perspectives and Problems, in: KUPER, Leo and SMITH, Michael G. (Eds.), Pluralism in Africa, Berkeley 1971, S. 10.

2) FURNIVALL, John S., Colonial Policy and Practice, London 1948.

3) KUPER, Leo, Perspectives, S. 10, siehe dazu FURNIVALL, John S., S. 304 ff.

4) SMITH, Michael G., Social and Cultural Pluralism, Annals of the New York Academy of Sciences, Vol. LXXXIII, January 1960, S. 763-777; SMITH Michael G., The Plural Society in the British West Indies, Berkeley 1965; SMITH, Michael G., Chapter 2, Institutional and Political Conditions of Pluralism, in: KUPER, Leo and SMITH, Michael G., Pluralism, S. 27-65; KUPER, Leo, Perspectives, S. 11 ff, S. 4 f.

5) KUPER, Leo, Perspectives, S. 12 und SMITH, Michael G., British West Indies, S. 67.

Zwang am größten ist. Soll eine plurale Gesellschaft als totale Gesellschaft bestehen, so ist also die wesentliche Voraussetzung die, daß eine Sektion das Monopol der Macht hat.

Die politische Beherrschung durch eine kulturelle Sektion als Charakteristikum von pluralen Gesellschaften ergibt sich aus theoretischen Überlegungen. In pluralen Gesellschaften treten unterschiedliche Formen von bindenden Institutionen auf, d.h. verschiedene Formen der Familie, in der Erziehung, Wirtschaft usw., wobei die Rollen nicht austauschbar sind. Da Institutionen kulturelle und soziale Aspekte haben, unterscheiden sich die kulturell verschiedenartigen Sektionen einer pluralen Gesellschaft auch in ihrer sozialen Organisation. Es besteht die Möglichkeit, daß der "social pluralism" in Einklang steht mit dem "cultural pluralism", jedoch müssen sich die Grenzen der beiden nicht decken. Es mag marginale Vereinigungen für Mitglieder verschiedener kultureller Überlieferungen geben. Es können jedoch auch Träger eines gemeinsamen kulturellen Wertsystems verschiedenen gesellschaftlichen Einheiten angehören.[1]

Von der pluralen muß die pluralistische Gesellschaft unterschieden werden, die KUPER[2] als "Equilibrium Model of Pluralism" bezeichnet. Die politische Struktur dieser Gesellschaft ist plural, d.h. daß das Modell der Gesellschaft "... is thus one of political pluralism, with a corresponding social pluralism in which the units are bound together by crosscutting loyalties and by common values or a competitive balance of power."[3] KORNHAUSER[4] ist der Auffassung, daß die Mannigfaltigkeit der Werte und Normen das Erreichen eines Konsensus schwierig macht und sieht die Basis für die Integration in dem konkurrierenden Gleichgewicht von unabhängigen Gruppen und "in the multiple affiliation" ihrer Mitglieder.

Für die Zwecke der Untersuchung wird das Modell der pluralen Gesellschaft herangezogen, da die sansibarische Gesellschaft zum Zeitpunkt der Unabhängigkeit diesem theoretischen Modell sehr nahe kam. Es sollen, als Folge der in der pluralen Gesellschaft herrschenden Ungleichheit im politischen Bereich, die Ursachen geklärt werden, die zur Revolution im Januar 1964 führten.

---

1) KUPER, Leo, Perspectives, S. 12; SMITH, Michael G., British West Indies, S. 68-71.

2) KUPER, Leo, Perspectives, S. 8.

3) Ebd., S. 10.

4) KORNHAUSER, William, The Politics of Mass Society, London 1960, S. 104.

Im Laufe des 19. Jahrhunderts bildete sich in Sansibar eine plurale Gesellschaft. Das bedeutendste Merkmal dieser Gesellschaft war, daß die ethnischen Gebilde einen unterschiedlichen Einfluß im politischen Bereich und einen unterschiedlichen Zugang zu den wirtschaftlichen Privilegien hatten.[1] Von der englischen kolonialen Herrschaftsausübung - 1890-1963 - über Sansibar blieb die Struktur der pluralen Gesellschaft unberührt. Die ethnisch bedingte unterschiedliche Behandlung im politischen und wirtschaftlichen Bereich gab den Anstoß zur afrikanischen Revolution im Januar 1964.[2]

Es wird in dieser Untersuchung nicht weiter darauf eingegangen, daß auch die Kolonialgesellschaft - in diesem Falle die englische koloniale Herrschaftsausübung über Sansibar - als plurale Gesellschaft bezeichnet werden kann. Während dieser Zeit waren die Araber fast vollständig politisch entmachtet, jedoch griffen die Engländer nicht in das ethnische Gefüge der sansibarischen Gesellschaft ein.

Die Engländer haben durch die ethnische Repräsentation im Legislative Council und durch konstitutionelle Reformen zwischen 1954 und 1963 in erheblichem Maße zur Polarisierung beigetragen, was LOFCHIE zu folgender Erklärung veranlaßt: "It was this background of structural, cultural and ideological discontinuity, that gave the electoral reforms introduced by the British their catastrophic impact. The whole process of electoral conflict set in motion an increasing polarisation between Arabs and Mainland Africans."[3]

Die Revolution kann als eine der Möglichkeiten angesehen werden, die Struktur einer pluralen Gesellschaft zu verändern. In Sansibar war nach KUPER die Revolution weder unvermeidbar noch vorherbestimmt; denn "... it appears that there was diversity among Arabs and Africans, the patterns of Arab-African pluralism varying with different African ethnic groups and histories of contact and land settlement, and that there were ties of loyalty and identity and of common religion between sections of these populations."[4] Außerdem waren in der Verfassung genügend Möglichkeiten vorgesehen, die einen friedlichen Wandel erlaubten.

---

1) LOFCHIE, Michael F., Plural Society, S. 292.

2) Ebd., S. 293.

3) KUPER, Leo, The Pity of it All: Polarisation of Racial and Ethnic Relations, Minneapolis 1977, S. 165.

4) KUPER, Leo, Chapter 14, Ethnic and Racial Pluralism: Some Aspects of Polarization and Depluralization, in: KUPER, Leo and SMITH, Michael G. (Eds.), Pluralism in Africa, Berkeley 1971, S. 482.

Es soll nun darauf eingegangen werden, wieweit Möglichkeiten bestanden, die Revolution zu vermeiden. Ethnische Kategorien,[1] die eine so wichtige Rolle in pluralen Gesellschaften spielen, können durch strukturelle Beziehungen zwischen den Kollektivitäten neu entstehen oder sich verändern. So trennte sich die Mehrzahl der Schirazis von den Festland-Afrikanern, das Suaheli war unter Arabern und Schirazis verbreitet und außerdem gab es unter den Arabern erhebliche ethnische Unterschiede. Andererseits integrierten immer mehr Hadimu in der Stadt Sansibar in das ethnische Gebilde der Festland-Afrikaner und auf der Insel Pemba gab es gewisse Bindungen zwischen Arabern und Schirazis, was sich im Wahlverhalten der Letzteren ausdrückte.[2] Dagegen kam es zu schweren Konflikten auf der Insel Sansibar zwischen Arabern einerseits und Festland-Afrikanern und Hadimus andererseits.

Die Schirazis wären geeignet gewesen, zwischen den Arabern und Festland-Afrikanern zu vermitteln und damit auf den Konflikt ausgleichend zu wirken. Auf der einen Seite versäumte die ZPPP jedoch eine Verbindung mit der ASP einzugehen, was zu einer legislativen Mehrheit geführt hätte, und andererseits gab die ZPPP bei der Koalition mit der ZNP ihre Identität auf.[3]

Das beschleunigte Tempo des politischen Wandels[4] ließ den Parteien keine Möglichkeiten, die neuen politischen Verhaltensweisen, die dem politischen System der englischen Metropolitan Society entnommen waren, einzuüben, d.h. Erfahrungen zu sammeln, wie in einem parlamentarischen System sich der kontrollierte Wettbewerb vollzieht. Die Kolonialmacht, die die Absicht hatte, einen langsamen politischen Wandel herbeizuführen, wurde von der weltweiten Bewegung, die zur Dekolonisation drängte, überrollt. Andererseits entsteht bei der Einführung von politischen Reformen in pluralen Gesellschaften eine besondere Form des politischen Konflikts, da die Ideen einer repräsentativen demokratischen Regierung im Widerspruch stehen zur politischen Ungleichheit in pluralen Gesellschaften.

---

1) KUPER, Leo and SMITH, Michael G., Introduction to Part II, in: KUPER, Leo and SMITH, Michael G. (Eds.), Pluralism in Africa, Berkeley 1971, S. 89.
2) KUPER, Leo, Continuities and Discontinuities in Race Relations: Evolutionary and Revolutionary Change, Cahier d'études africaines, 39, vol. X, 1970, S. 375.
3) KUPER, Leo, The Pity of it All, S. 222 f.
4) Ebd., S. 268.

Die Dissonanzen zwischen einer politischen Kultur der Gleichheit und soziopolitischen Ungleichheiten rufen extreme politische Konflikte hervor, die u.a. zu einer Revolution führen können.[1]

2. Die Revolution

Ehe auf die revolutionären Ereignisse im Januar 1964 in Sansibar eingegangen wird, soll eine Definition gegeben werden, was unter einer Revolution und einer revolutionären Situation verstanden wird.

Eine Revolution [2] wird als ein Wandlungsprozeß gesehen, der auf eine Veränderung der Gesellschafts- und Herrschaftsstruktur und damit auf eine Neubesetzung der Herrschaftspositionen abzielt. Nur wenn der Wandlungsprozeß sich auf diesen drei Ebenen vollzieht, kann von einer Revolution gesprochen werden und damit diese von anderen nicht normenkonformen Machtverschiebungen unterschieden werden.

Dieser Prozeß der Machtveränderung wird von GEHRING nur dann als Revolution bezeichnet, wenn er sich illegal, d.h. im Gegensatz zu den von den Inhabern der Herrschaftspositionen als legal bezeichneten Normen vollzieht.

Eine revolutionäre Situation besteht dann, wenn sich die strukturelle Konstellation einer Gesellschaft im Wandel befindet, d.h. die bestehenden strukturellen Grundkomponenten der Gesamtsituation sollen durch andere ersetzt werden. Außerdem kommt es zu einer negativen Situationsbewertung bei einem Teil der Gesellschaftsmitglieder, d.h. diese Gesellschaftsmitglieder sind nicht am Bestand der strukturellen Grundkomponenten der Gesamtsituation, sondern an deren Veränderung interessiert. Eine negative Situationsbewertung entsteht dann, wenn ein Teil der Gesellschaftsmitglieder unter den bestehenden Situationsbedingungen keine Möglichkeit zur Erfüllung seiner Ansprüche sieht, d.h. die gesellschaftlichen Anspruchsmechanismen sind funktionsunfähig und damit den Ansprüchen der Gesellschaftsmitglieder nicht adäquat.

---

1) LOFCHIE, Michael F., Plural Society, S. 284.

2) GEHRING, Axel, Zur Theorie der Revolution, Versuch einer soziologischen Präzisierung, KZSS, Bd. XIII, 1971, S. 676-680.

Kann der Anspruchsträger seine Erwartungen nicht allein aus eigener Initiative herbeiführen, so werden diese Ansprüche als strukturabhängig bezeichnet. Es wird dann von einer gruppalen Repräsentation strukturabhängiger Ansprüche gesprochen, wenn eine Mehrzahl der Gesellschaftsmitglieder in koordinierter Aktion Einfluß auf die Anspruchserfüllung nehmen kann. Die Einflußnahme bezieht sich auf die Positionen, die institutionell die Befugnis haben, über die strukturabhängigen Ansprüche zu entscheiden. Diese Positionen werden als Herrschaftspositionen definiert.

Eine revolutionäre Situation ist dann gegeben, wenn unter den gegebenen Situationsbedingungen keine faktische Möglichkeit zur Erfüllung der Ansprüche besteht. Die langfristige Stabilität eines sozialen Systems ist somit von der entsprechenden gruppalen Repräsentation aller strukturabhängigen Ansprüche bestimmt.

Am 12. Januar 1964,[1] etwa einen Monat nach der Unabhängigkeit überwältigten Rebellen unter Führung von John OKELLO[2] die Polizei der Stadt Sansibar, besetzten das Waffenarsenal und die Radiostation und setzten die Regierung und den Sultan ab. Sansibar war zum Zeitpunkt der Revolution[3] der einzige unabhängige afrikanische Staat, der keine Armee hatte. Wie bereits berichtet, wurden die festland-afrikanischen Mitglieder der Polizei nach der Unabhängigkeit aus Sicherheitsgründen entlassen. Diese wurden von OKELLO angeworben. LOFCHIE berichtet dazu: " Moreover, the discharged men were experienced in the use of arms and familiar with the logistics of the Zanzibar police. The revolutionary army drew heavily on this group for its hard-core membership."[4] OKELLO war der Meinung, daß man den Schirazis nicht trauen konnte, da sie starke Bindungen zu den Arabern hatten und möglicher-

---

1) New York Times, January 13, 14, 1964.

2) Okello war 1937 im Gebiet der Lango in Uganda geboren. Seit 1959 lebte er auf der Insel Pemba. Er wurde ASP Branch Secretary in Vitongoji und 1960 Secretary der ASP Jugendorganisation auf der Insel Pemba. 1963 verlegte er seinen Wohnsitz nach Sansibar und begann mit der Planung der Revolution. Siehe dazu: OKELLO, John, Revolution in Zanzibar, Nairobi 1967; BAILEY, Martin, The Union of Tanganyika and Zanzibar: A Study in Political Integration, Eastern African Studies, IX, Syracuse 1973, S. 22.

3) LEE, John Michael, African Armies and Civil Order, London 1969, S. 74.

4) LOFCHIE, Michael F., The Plural Society, S. 325.

weise Spione waren.[1]

Von der Afro-Shirazi Party und der Umma Party wurde ein Revolutionary Council gebildet. Der Führer der ASP, KARUME, wurde Präsident, Kassim HANGA Vizepräsident und der Führer der Umma Party, BABU, erhielt das Außen- und Handelsministerium. ZNP und ZPPP wurden aufgelöst, die Umma Party schloß sich der ASP an und Sansibar wurde ein Ein-Parteien-Staat.[2] Das unbewegliche Eigentum wurde nationalisiert und nur in Härtefällen von der Regierung eine Entschädigung bezahlt.[3]

Das Presidential Decree No. 6 (25 February 1964) erklärte, daß es ein wesentliches Anliegen der Revolution war, für Gleichheit und Einigkeit Aller einzutreten und daß sowohl Privilegien wie Benachteiligungen im wirtschaftlichen und politischen Bereich aufgehoben würden. Den bisher Benachteiligten wurde eine besondere Hilfe zugesagt.[4]

Das Seltsame war, daß die Revolution nicht durch die Führungsspitze der ASP oder Umma Party ausgelöst wurde, sondern durch einen eingewanderten Festland-Afrikaner, der aus eigener Initiative mit Hilfe von Angehörigen der ASP-Jugendorganisation und entlassenen festland-afrikanischen Polizisten den Umsturz herbeiführte.[5]

Es gibt eine Behauptung, daß eine weitere Revolution durch die ASP im geheimen Einvernehmen mit Regierungsmitgliedern von Tanganjika geplant war. Es sollte sogar eine dritte Revolution von der Umma Party vorbereitet worden sein.[6] Keith KYLE,[7] der nach der Revolution eine Reihe von Interviews in Sansibar und Dar es Salaam durchgeführt hat, kommt zu der Auffassung, daß OKELLO aus eigener Initiative ohne Beteiligung der ASP-Führung oder einer festland-afrikanischen Regierung handelte.

---

1) OKELLO, John, S. 119.

2) New York Times, January 31, 1964.

3) Ebd., March 28, 1964.

4) KUPER, Leo, Continuities and Discontinuities, S. 372.

5) OKELLO, John, Chapter 6.

6) KUPER, Leo, The Pity of it All, S. 168. Siehe dazu auch: LOFCHIE, Michael F., Was Okello's Revolution a Conspiracy? Transition, Vol. VII, No. 33, 1967, S. 36-42.

7) KYLE, Keith, Gideon's Voices, The Spectator, vol. CCXII, February 7, 1964; Ebd., How it Happened, February 14, 1964.

KYLE ist der Auffassung, daß zwei Revolutionen geplant waren, die von OKELLO ausgelöste und ein von Kassim HANGA geplanter Umsturz, an dem mehrere ASP Politiker beteiligt waren und der am 19. Januar 1964 mit Wissen der Regierung von Tanganjika durchgeführt werden sollte.

KARUME bildete zusammen mit BABU und der Umma Party schon bald nach der Machtergreifung eine gemeinsame Front gegen OKELLO und schaltete ihn vollkommen aus. Nach der Revolution kam es zu erheblichen Gewalttätigkeiten und es bestand die Furcht, daß eine Gegenrevolution den Revolutionary Council zu Fall bringen würde. Erst nachdem die Regierung Sansibars zugesagt hatte, keine Vergeltungsmaßnahmen gegen die Araber zu ergreifen und von Hinrichtungen der Mitglieder der ehemaligen ZNP/ZPPP Regierung abzusehen, sandte Nyerere eine Polizeimacht von 300 Mann am 17. Januar 1964 nach Sansibar.[1]

Entgegen den Berichten von Zeitungen, die von einer großen Anzahl von Toten unter der arabischen Bevölkerung sprechen, wird in der Volkszählung[2] von 1967 der arabische Anteil mit 56.832 bzw. 16,42 % angegeben, während er 1948 44.560 bzw. 16,9 % betrug. Aus diesen Zahlen kann geschlossen werden, daß sowohl die Zahl der Todesfälle während der Revolution als auch die Zwangsausweisungen kein großes Ausmaß erreichten.

---

1) BAILEY, Martin, S. 28; AYANY, Samuel G., A History of Zanzibar, Nairobi 1970, S. 127 ff.; BROWN, Neville and GUTTERIDGE, William F., The African Military Balance, London 1964, S. 11.

2) AUGER, George A., Tanzania. Education since Uhuru. A Bibliography 1891-1971, EARIC, Information Circular No. 8, Nairobi 1973, S.7. The ethnic distribution of the Zanzibar population in 1967 was as follows:

Ethnic Origin	Population	% of Total
African	275,620	79.61
Asian	13,552	3.92
Arab	56,832	16.42
European	188	0.05
Total stated	346,192	100.00
Non-stated	3,787	
Total	349,979	

Siehe dazu auch: OMINDE, Simeon, The Population of Kenya, Tanzania and Uganda, Nairobi 1975.

Die Machtveränderung, die sich am 12. Januar 1964 in Sansibar vollzog, kann als Revolution bezeichnet werden, da sie sich illegal, d.h. im Gegensatz zu den von den Inhabern der Herrschaftspositionen als legal bezeichneten Normen vollzog. Die revolutionäre Situation war dadurch gegeben, daß es bei einem Teil der Schirazis und bei den Festland-Afrikanern zu einer negativen Situationsbewertung kam, d.h. Schirazis und Festland-Afrikaner sahen keine Möglichkeiten zur Erfüllung ihrer Ansprüche und waren deshalb an der Veränderung der strukturellen Grundkomponenten der Gesamtsituation interessiert.

Die neue Regierung Sansibars wurde innerhalb weniger Tage von den Ostblockstaaten einschließlich der Deutschen Demokratischen Republik anerkannt.[1] Die Anerkennung durch die Bundesrepublik Deutschland wurde am 12. Februar 1964 angekündigt und als Folge der Hallsteindoktrin am 24. Februar 1964 zurückgezogen, da Sansibar als erster nichtkommunistischer Staat die DDR anerkannte.

Es soll nun darauf eingegangen werden, inwieweit die sansibarische Revolution ein Rassen- und/oder Klassenprotest war, d.h. der wesentliche Unterschied in der Interpretation besteht zwischen jenen, die die Revolution als einen Kampf der Unterdrückten gegen die Unterdrücker, in diesem Falle die arabische Ober- und Mittelschicht, und jenen, die die Revolution als einen Kampf der Afrikaner gegen die Araber sehen. LOFCHIE meint dazu: "The most fundamental political characteristic of such a society is that racial and class antagonisms often become synonymous and indistinguishable since the various racial groups are also opposed as rival economic strata. This was the case in pre-revolutionary Zanzibar."[2]

Zur Analyse dieser Frage soll ein Bericht von BATSON[3] herangezogen werden. Als Indikatoren für die Sozialstruktur dienen: Landbesitz, d.h. Anzahl der Nelkenbäume und Kokospalmen, schichtspezifische Verteilung der nicht in der Landwirtschaft Beschäftigten und Zugang zu den Schulen.

---

1) BAILEY, Martin, S. 26.

2) LOFCHIE, Michael F., Revolution, S. 966.

3) BATSON, Edward, Report on Proposals for a Social Survey of Zanzibar, Zanzibar 1948. Dieser Report ist nicht gedruckt worden.

Tabelle 4: Landownership in Zanzibar by Racial Community, 1948

Number of trees	Percentage of parcels				Total number of owners
	Arab	Asian	Shirazi	Mainland African	
3,000 or more	68.8	31.2	..	..	240
1,000 - 2,999	56.1	6.1	20.2	17.6+	570
250 - 999	51.9	5.2	33.8	9.1	3,635
50 - 249	14.5	0.3	74.2	11.0	13,680
Less than 50	16.0	0.1	66.6	17.3	10,250

+ This figure, which represents 100 mainland African landowners, was recorded entirely in Pemba.

Quelle: BATSON, Edward, Social Survey of Zanzibar, vol. XIV, Landownership, zitiert bei: LOFCHIE, Michael F., The Plural Society, S. 303.

1948 besaßen die Araber 2/3 und die Asiaten 1/3 der größten Pflanzungen. Ein Bericht von 1922[1] zeigt, daß 96 % der Besitzer von Pflanzungen mit mehr als 1000 Bäumen und 85 % der Besitzer von Pflanzungen mit 500-1000 Bäumen Araber waren.

In der Oberschicht waren nur Araber und Asiaten vertreten, in der oberen Mittelschicht machten sie 85 % aus. Überraschend ist der 96 %ige Anteil der Asiaten in der Oberschicht. Sie waren in der Hauptsache im privaten Sektor der Wirtschaft tätig und vermieden fast alle Aktivitäten im politischen Sektor, während die Araber die Spitzenpositionen in der Regierung einnahmen.

---

1) BATSON, Edward, Social Survey of Zanzibar, vol. XIV, Landownership, zitiert bei: LOFCHIE, Michael F., The Plural Society, S. 303.

Tabelle 5: Occupational Distribution in Zanzibar by Racial Community, 1948

Occupational level	Percentage of workers				Total number of workers
	Arab	Asian	Shirazi	Mainland African	
Upper	4.2	95.8	..	..	120
Upper middle	26.0	59.2	6.3	8.5	710
Middle (nonmanual)	26.1	33.3	27.3	13.3	5,400
Middle (manual)	6.0	34.9	12.1	47.0	1,735
Lower middle	17.1	4.7	54.1	24.1	35,160
Lower	13.5	0.9	36.9	48.7	14,635

Quelle: BATSON, Edward, Social Survey of Zanzibar, vol. V, Occupations, zitiert bei:LOFCHIE, Michael F., The Plural Society, S. 304.
"(1) upper, including owners of large commercial firms, top professionals, and ranking administrators (e.g., heads of government departments, high school principals, doctors, lawyers, architects), (2) upper middle, comprising auxiliary professional workers (e.g., teachers, newspaper editors, retail shopkeepers), (3) and (4) middle, including nonmanual uncertified clerical and administrative personnel and skilled manual workers (e.g., koranic school teachers, clove inspectors, timekeepers, taxidrivers, carpenters, barbers), (5) lower middle, including semiskilled workers and itinerant workers (e.g., street vendors, coffee sellers, house servants, boat boys, builders of native huts), and (6) lower, composed of laborers (e.g., coconut, clove and other agricultural workers, street sweepers, coconut huskers, porters).
Siehe dazu auch: Zanzibar Protectorate, Notes on the Census of the Zanzibar Protectorate 1948, Zanzibar 1948, S. 7 ff.

Tabelle 6: Access to Higher Education in Zanzibar by Racial Community, 1948

Educational level	Percentage of students				Total number of students
	Arab	Asian	Indigenous Africans	Mainland Africans	
Standards I - VI	30.4	7.8	40.2	21.6	12,205
Standards VII - IX	29.9	41.3	12.8	16.0	1,440
Standards X - XII	31.4	46.8	3.2	18.6	620

Quelle: BATSON, Edward, Social Survey of Zanzibar, vol. X, Educational Achievements, zitiert bei: LOFCHIE, Michael F., The Plural Society, S. 305.

Sansibars Erziehungssystem trug nicht zur gesellschaftlichen Mobilität bei, sondern verwehrte den Unterprivilegierten den Aufstieg und verstärkte die Position der Elite.[1] Obwohl[2] die Asiaten nur einen Anteil von 6 % und die Araber einen Anteil von 17 % an der Einwohnerzahl hatten, waren in den Klassen 10-12 fast 50 % der Schüler Asiaten und ein Drittel Araber. So stellten Asiaten und Araber mehr als 3/4 der Schüler, aber nur ein knappes Viertel der Bevölkerung. Im Gegensatz dazu hatten die Afrikaner - Schirazis und Festland-Afrikaner - einen Bevölkerungsanteil von 75 %, aber nur etwas mehr als 20 % der Schüler in den Oberklassen waren Afrikaner. Zwei Gründe werden für den Rückstand der Afrikaner bei der Erziehung angegeben. Einerseits war ihre wirtschaftliche und gesellschaftliche Lage schwach und andererseits bestand eine gewisse Gleichgültigkeit der Eltern gegenüber der Schule.[3]

1) LOFCHIE, Michael F., The Plural Society, S. 306.
2) Zanzibar Protectorate, Census 1948, S. 4.
3) CAMPBELL, Jane, 12. Zanzibar, in: KITCHEN Helen (Ed.), The Educated African, New York 1962, S. 182 f.

Zwar waren die Asiaten und die Araber die Besitzer der großen Plantagen und die Asiaten und in weit geringerem Maße die Araber die Inhaber der Oberschicht- und der oberen Mittelschichtpositionen im nichtlandwirtschaftlichen Bereich und ihre Kinder weit überrepräsentiert in den oberen Schulklassen, trotzdem sind Mitglieder aller ethnischen Gebilde in der unteren Mittelschicht und Unterschicht vertreten. Diese Sansibaris aber hatten keine gemeinsamen wirtschaftlichen Interessen - mit einer gewissen Ausnahme der Araber und Schirazis in Pemba -, die zur Solidarität und damit auch zu gemeinsamen politischen Interessen über die Grenzen der ethnischen Gebilde hinweg geführt hätten.

Die Revolution in Sansibar war ein Kampf der Afrikaner, vor allem der Festland-Afrikaner, gegen die Araber, also ein ethnischer und kein Klassenprotest. Natürlich kann in pluralen Gesellschaften,[1] die durch politische Ungleichheit gekennzeichnet sind, die Bedeutung wirtschaftlicher Prozesse und die wirtschaftliche Differenzierung nicht verneint werden. KUPER ist der Auffassung: "... that the revolutionary struggles in racially plural societies are not to be equated with class struggles, and that the action of classes must be set within a broader framework, which takes the racial conflict as a central phenomenon in its own right."[2] Das Charakteristikum pluraler Gesellschaften ist die Ungleichheit im Zugang zu den Mitteln der Macht, d.h. zu den politischen Positionen. Diese Ungleichheit dehnt sich auf andere gesellschaftliche Bereiche, wie die Wirtschaft und Erziehung aus, wobei z.B. im wirtschaftlichen Bereich der Zugang zu den Mitteln der Macht den Zugang zu den Mitteln der Produktion im bedeutenden Maße bestimmt.[3]

---

1) KUPER, Leo, Race, Class and Power, Chicago 1974, S. 258-271.

2) Ebd., S. 262.

3) Ebd., S. 269.

III. Tansania - Union von Tanganjika und Sansibar

Die Republic of Tanganyika und die People's Republic of Zanzibar[1] schlossen am 22. April 1964 einen Unionsvertrag, der am 26. April 1964 vom Parlament Tanganjikas und dem Revolutionsrat Sansibars bestätigt wurde.

Die Verfassung von Tanganjika[2] sollte mit einigen Ergänzungen die Verfassung der Vereinigten Republik bis zum Zusammentritt einer verfassungsgebenden Versammlung sein. Julius NYERERE, bisher Präsident von Tanganjika, wurde Präsident und KARUME, bisher Präsident des Revolutionsrates von Sansibar, wurde 1. Vizepräsident der Vereinigten Republik. KARUME sollte Oberhaupt der Exekutive für Sansibar sein. Die Machtverteilung und Stellung der beiden vertragschließenden Politiker blieb im wesentlichen unverändert. Die Ergänzung der Verfassung von Tanganjika brachte eine gesonderte Exekutive und Gesetzgebung für Sansibar, die durch den Revolutionsrat zu gegebener Zeit konstituiert werden konnte und für alle Angelegenheiten galt, die nicht ausdrücklich in die Zuständigkeit der Vereinigten Republik fielen.

Parlament und Exekutive der Vereinigten Republik von Tansania waren zuständig für folgende Angelegenheiten:

- Verfassung und Regierung der Vereinigten Republik,
- Außenpolitik,
- Verteidigung,
- Polizei,
- politische Vollmachten auf Grund eines Notstandsgesetzes,
- Staatsbürgerschaft,
- Einwanderung,
- Außenhandel und Kreditnahme,

---

1) New York Times, April 24, 25, 26; 1964, PEASLEE, Amos J., Constitution of Nations, Vol. I, Africa, Revised Third Edition, Den Haag 1965, S. 1101-1108.

2) SCHRÖDER, Dieter, Tansania, eine Herausforderung an die europäische Verfassungslehre, Afrika Spectrum, Band IV, Nr. I, 1969, S. 37.

- Öffentlicher Dienst der Vereinigten Republik,
- Einkommensteuer, Zoll und indirekte Steuern,
- Hafenverwaltung, Zivilluftfahrt, Post und Telefon.[1]

Der Präsident konnte zu gegebener Zeit mit dem Einvernehmen des 1. Vizepräsidenten weitere Angelegenheiten zu Angelegenheiten der Vereinigten Republik erklären. Dazu kamen noch folgende Zuständigkeiten:

- Geld, Geldprägung und gesetzliche Zahlungsmittel (einschließlich Papiergeld), Banken (einschließlich Sparkassen), Devisen und deren Kontrolle (Juli 1965),
- Höhere Erziehung, Konzessionen für die Industrie und Statistik (Juli 1967),
- Bodenschätze (Anfang 1969).

Es war beabsichtigt, wie man aus dem Vorhergehenden ersehen kann, Sansibar, wenigstens zu Beginn der Union, eine gewisse Unabhängigkeit zu lassen. Unter Kontrolle der Regierung von Sansibar blieben: Landwirtschaft, Volksschulen und Höhere Schulen, Gesundheitswesen, Straßenbau, wirtschaftliche Planung und Rechtswesen.[2]

Ende 1964 erhielt die Vereinigte Republik den Namen Tansania und am 10. Juli 1965 trat eine Interim-Verfassung in Kraft, die von der Nationalversammlung verabschiedet worden war und im wesentlichen dem schon vorher geübten Verfahren der Ergänzung der Verfassung von Tanganjika folgte.[3]

Wesentlich ist die Entscheidung des Verfassungsgebers für das Einparteiensystem. Trotzdem läßt sich nachweisen, daß in beiden Teilen Tansanias sich zwar Verfassungsstrukturen finden, die der Partei eine hervorragende Stellung einräumen, aber doch zu sehr konträren Stellungen kommen. Während in Sansibar der Staat als Instrument der Partei

---

1) PEASLEE, Amos J., S. 1102.

2) BAILEY, Martin, S. 37 f.

3) RABL, Kurt, Constitutional Development and Law of the United Republic of Tanzania, Jahrbuch des öffentlichen Rechts der Gegenwart, Neue Folge, Bd. XVI, 1967, S. 610 ff., Text der Interimsverfassung.

angesehen wird, also eine instrumentale Staatsauffassung wie im marxistisch-leninistischen Bereich, wird in Tanganjika mehr die traditionelle, idealistische Staatsauffassung vertreten. Die ASP ist in Sansibar so mit dem Staat verwoben, daß man den Staat als Transmissionsinstrument oder Hilfsinstrument der Partei ansehen kann.[1]

Das Kabinett der Vereinigten Republik von Tansania[2] wurde vom Präsidenten im April 1964 gebildet. Neben 16 Ministern vom Festland gehörten ihm 5 Minister von Sansibar, sowie der Präsident von Sansibar, zugleich 1. Vizepräsident von Tansania, und sein Staatsminister an. Diese Vertretung Sansibars in der Unionsregierung war weit überhöht, da Sansibar nur 3 % der Bevölkerung der Union hatte und die Fläche nur 0,3 % von Tansania ausmachte.[3] Seit 1967 wurde jedoch die Zahl der Minister von Sansibar im Kabinett reduziert. Die sansibarischen Minister im Unionskabinett vertraten nicht in jedem Falle die Ansichten des Revolutionsrates. Es soll hier auf BABU, den Vorsitzenden der früheren Umma Party und HANGA hingewiesen werden[4], die beide politische Vorstellungen hatten, die links von denen des Council waren. NYERERE berief sie in das Kabinett, um ihren Einfluß auf den Inseln zu schwächen.

---

1) KRÜGER, Herbert, Verfassung und Recht in Übersee in Zeitschriften und Jahrbüchern des öffentlichen Rechts, Jahrbuch des öffentlichen Rechts der Gegenwart, Neue Folge, Bd. XVI, 1967, S. 379-382; SCHRÖDER, Dieter, S. 36.

2) BAILEY, Martin, S. 42.

3) Ebd., S. 107.

4)

Name	Posten	Amtszeit
Abdulrahman BABU	Staatsminister (Entwicklung und Planung)	April 1964-Nov. 1964
	Minister für Handel und Genossenschaften	Nov. 1964-Feb. 1967
	Minister für d. Gesundheitsw.	Feb. 1967-Juni 1967
	Minister für Landbesiedlung und Wasserentwicklung	Juni 1967-Dez. 1968
	Minister für Handel u. Ind.	Dez. 1968-Nov. 1970
	Minister für Wirtschaft und Entwicklungsplanung	Nov. 1970-Feb. 1972
Kassim HANGA	Minister für Industrie, Bergwerke und Energie	April 1964-Nov. 1964
	Staatsminister (Angelegenheiten der Union)	Nov. 1964-Juni 1967

BAILEY, Martin, S. 43.

In Tansania liegt die gesetzgebende Gewalt bei dem Parlament, das aus der Nationalversammlung und dem Präsidenten besteht.[1] Der Präsident übt die Exekutive aus, wobei der 2. Vizepräsident der Principal Assistent in Tanganjika ist und der 1. Vizepräsident der Exekutive in Sansibar vorsteht. Die Nationalversammlung soll nach der Verfassung aus 184 Mitgliedern[2] bestehen, wobei 107 auf dem Festland gewählt werden. Der Rest wird von dem Präsidenten ernannt, darunter höchstens 32 Mitglieder aus dem Revolutionsrat von Sansibar. Während 1965 die ersten Wahlen auf dem Festland stattfanden, lehnte der Revolutionsrat von Sansibar Wahlen ab. 1968 erklärte KARUME in einem Interview, daß in den nächsten 50 Jahren keine Wahlen in Sansibar stattfinden würden, da er Wahlen als "... a tool of the imperialists to sabotage the people ..." betrachte.[3] Ein seltsamer Aspekt der Verfassung von Tansania ist das fast totale Fehlen der Zusage für eine konstitutionelle Regierung in Sansibar. Während das Festland (Tanganjika) ein Parlament und ein unabhängiges Rechtswesen hat, fehlen diese in Sansibar.[4]

In der Vereinigten Republik ist die Rechtssprechung in beiden Landesteilen getrennt, d.h. es gibt 2 Oberste Gerichtshöfe und die Zuständigkeit der Gerichte ist auf den jeweiligen Landesteil beschränkt.[5] Die Justiz des Festlandes (Tanganjika) mit dem Primary Court, den District Courts und dem High Court beruht auf dem von England übernommenen Rechtswesen. Einsprüche vom High Court werden an den Court of Appeal for East Africa verwiesen, der von der East African Community (EAC) betrieben wird. Die Regierung Sansibars dagegen lehnte das von der englischen Kolonialregierung übernommene Rechtswesen ab, da es auf "fremden" Wertvorstellungen beruht.[6]

---

1) RABL, Kurt, S. 610 ff., Chapter III, Part I, 12/13, Part II, 23/49.

2) Ebd., Chapter III, Part II, 24-33.

3) SMITH, William Edgett, We Must Run, While They Walk, New York 1971, S. 181.

4) BUCHACEK, Ivo D., Power Maps: Comparative Politics of Constitutions, Santa Barbara 1973, S. 116, Fußnote 12.

5) RABL, Kurt, S. 611 ff., Chapter V, The Judicature of the United Republic and of Zanzibar.

6) BAILEY, Martin, S. 50 f.

Es hat den Anschein, daß das zentrale Anliegen der Vereinigten Republik Tansania die Sicherung der Macht[1] der Afro-Shirazi-Party auf Sansibar ist. Schon vor der Gründung Tansanias hat es zwischen KARUME und NYERERE enge persönliche Kontakte gegeben. Es muß davon ausgegangen werden, daß sich die Regierung von Tanganjika durch die Unterstützung der ASP nach der Revolution, u.a. durch Entsendung eines Truppenkontingentes am Rande einer Einmischung in die inneren Angelegenheiten eines anderen Staates befunden hat. Andererseits muß die schwierige Lage gesehen werden, in der sich NYERERE durch die unstabile Situation in Sansibar befand. Oskar KAMBONA vertrat dazu folgende Ansicht:
"Our first concern was the growing Communist prensence and, second, the danger of the Cold War coming in. The Cold War was in the Congo already - it would have been a straight line across Africa. And there was another problem: he had to show he had his own reasons. The problem was how to isolate Zanzibar from the Eastern Countries, yet not be used by the West for its own purposes."[2]

Tanganjika und Sansibar zu vereinen kann als eine persönliche Entscheidung von NYERERE und KARUME angesehen werden. Die Lage von KARUME war alles andere als sicher. Auf der einen Seite war er von linksstehenden früheren Mitgliedern der Umma Party und militanten Mitgliedern seiner eigenen Partei bedroht und andererseits mußte er mit einem Umsturzversuch der Araber rechnen. Colin LEGUM berichtete nach einem Interview mit NYERERE.[3] daß der Machtkampf in Sansibar nach der Revolution nicht zwischen Gemäßigten und Militanten, sondern zwischen zwei Arten von Militanten stattfand, nämlich zwischen denen, die vorgaben, sie wollten sich keinem der beiden politischen Weltblöcke anschließen, und jenen, die diese Auffassung nur vorgaben, in Wirklichkeit sich aber dem kommunistischen Block anschließen wollten. Dieser Bericht LEGUMs wurde zwar in Dar es Salaam kritisiert, aber es muß angenommen werden, daß NYERERE fürchtete, daß Sansibar "... a centre of communist subversion directed towards the mainland governmants ..."[4] würde. NYERERE war der Meinung, daß die Union nicht

---

1) SCHRÖDER, Dieter, S. 41.

2) SMITH, William Edgett, S. 176 f. "he" bedeutet in diesem Zitat Nyerere, The Financial Times, Will Nyerere Ask for Help in Zanzibar?, June 23, 1964.

3) LEGUM, Colin, How Nyerere Outmanoeuvred Babu of Zanzibar, Observer, 26 April 1964.

4) PRATT, Cranford, The Critical Phase in Tanzania 1945-1968, Cambridge 1976, S. 139.

erzwungen werden könnte, sondern sich allmählich entwickeln müßte. Diese Union war eine der größten politischen Leistungen NYEREREs, obwohl er von gewissen Seiten wegen seiner Haltung gegenüber Sansibar kritisiert wird. "There appears to be a contradiction between his moralistic foreign policy and his inactivity towards Zanzibar ..."[1] Die Ursache für die Unstimmigkeiten liegt in der Tatsache, daß die politischen Führer des Festlandes und der Inseln verschiedene Strategien zur Erreichung der Union eingeschlagen haben.

1970 wurden in Sansibar die Lower Courts[2] in People's Courts umgewandelt, die aus 3 ASP-Mitgliedern bestanden, die keine juristische Ausbildung hatten. KARUME äußerte: "The old judicial system reflected the interests of the colonialists. The Zanzibar Government is a government of workers and peasants. We must do everything in the interests of the people."[3] Wegen der Planung eines Umsturzversuches[4] wurden HANGA, ehemaliger Vizepräsident von Sansibar vor der Revolution und bis 1967 Minister of State (Union Affairs) in der Regierung der Vereinigten Republik, und SHARIFF, ehemaliger Botschafter in den USA, in Dar es Salaam verhaftet, an Sansibar ausgeliefert und dort im Herbst 1969 hingerichtet.

Sansibars Reichtum ist in seinen Nelken- und in geringem Maße Kokosnußplantagen begründet. Nach der Revolution wurden diese Plantagen[5] enteignet und in 3 Acre Parzellen (etwa 3 x 40,47 Ar) aufgeteilt und an 8000 Afrikaner verteilt. Die Nelken mußten zu einem festgesetzten Preis, der im Verhältnis zum Exportpreis sehr niedrig war, an die State Trading Corporation, die den Export und Import kontrollierte und deren Managing Director seit Mai 1970 der 19 Jahre alte Sohn KARUMEs, Ali Abeid, war, verkauft werden.[6]

---

1) BAILEY, Martin, S. 104 f.

2) LEGUM, Colin, ACR, vol. II, 1969/70, S. B 196; Ebd., vol. III, 1970/71, S. B 175.

3) Ebd., vol. II, 1969/70, S. B 196, Fußnote 4, Karume in einem Interview mit Colin Legum.

4) Tanzania, Keesings Research Report, Africa Independent, New York 1972, S. 125.

5) BAILEY, Martin, S. 87.

6) LEGUM, Colin, ACR, vol. III, 1970/71, S. B 176 f.

Obwohl der Export eine Angelegenheit der Union ist, hatte der Revolutionsrat seine eigenen Regeln entwickelt.[1] Während einerseits Armee, Polizei und der Staatsdienst von der Union bezahlt wurden, war Sansibar andererseits nicht bereit, Erlöse aus dem Export in das Unions-Budget einzubringen. In der Interim Constitution ist vorgeschrieben, daß diese Erlöse in die Unions Reserve eingebracht werden müssen. Aber trotz der Garantien, daß diese nicht für Entwicklungsprojekte auf dem Festland verwendet werden würden, widersetzte sich KARUME wiederholt, dieses Geld dem Direktor der Zentralbank für Tangania, Edwin MTEI, zu übergeben.[2] Sansibars Erlöse aus dem Export[3] machten 1971 etwa 23 Millionen englische Pfund aus und lagen in der Moskauer Narodny Bank in London. Um dem Versuch der Unionsregierung zu entgehen, in den Besitz des Geldes zu kommen, wurde 1972 das Guthaben von dem Revolutionsrat auf den Namen KARUMEs übertragen. Der Observer berichtet dazu: "The move is not an attempt by Chairman Karume to collar this vast fortune for himself, but represents the latest development in a silent struggle between the island's revolutionary leadership and its partners in the United Republic of Tanzania."[4]

Um Devisen zu sparen, wurden die Importe gedrosselt und der Versuch unternommen, die einheimische Produktion zu steigern. 1971 wurde die Rationierung für Lebensmittel eingeführt.[5]

Sansibar erhielt nach dem Zusammenschluß mit Tanganjika Entwicklungshilfe von der Sowjetunion, der Deutschen Demokratischen Republik und

---

1) LEGUM, Colin, ACR, vol. II, 1969/70, S. B. 195.

2) Ebd., vol. IV, 1971/72, S. B 214.

3) Ebd.

4) Observer, 2 April 1972.

5) "Rationing was introduced on certain imported items which Karume described as 'non-essential': such as rice, sugar and wheat flour, people over the age of 12 were entitled to a pound of each per week, and the rest to half a pound. Shortages followed, and by year's end it was reported that no one was receiving more than half a pound of each item and then only when they were available."
LEGUM, Colin, ACR, vol. IV, 1971/72, S. B 215.

China.[1] Während die russischen Militärberater im Januar 1970 durch chinesische ersetzt wurden, mußten im gleichen Jahre die ostdeutschen technischen Berater und der ostdeutsche Konsul Sansibar verlassen.[2] Die Chinesen[3] hatten zwischen 1964 und 1970 mehr als 5 Millionen englische Pfund Entwicklungshilfe an Sansibar gegeben. 1970 waren mehr als 300 chinesische Berater im Gesundheitswesen, der Landwirtschaft und der Armee tätig.[4]

Die Tatsache, daß die Staatsmänner des Festlandes und der Inseln bei zahlreichen Gelegenheiten so unterschiedlich gehandelt haben, liegt in ihrem verschiedenen Background begründet. Aus diesem Grunde ist es notwendig, die Vorbildung und Verhaltensweisen von NYERERE und KARUME näher zu betrachten. Wie in vielen anderen afrikanischen Staaten bildete auch hier die erste Generation der Staatsmänner in der Politik nach der Unabhängigkeit eine entscheidende Rolle.[5] So hatte z.B. NYERERE ein Diploma in Education vom Makerere College in Kampala - Uganda - und den Grad eines Master of Arts von der Edinburgh University, während KARUME nur 1-2 Jahre die Volksschule besucht haben soll und des Englischen nicht mächtig war.[6]

MCGOWAN und BOLLAND haben eine Analyse der Oberschichten Tansanias vorgenommen und dabei folgende Hypothesen aufgestellt:

"a) if the value systems or social structures of two societies are different, then individuals with different social background will be recruited into their respective elites;

b) if these different types of individuals are recruited into a single political elite via a merger of the two societies, then because of their differences in life experiences, it will prove difficult to coordinate decision-making behavior within this new larger elite."[7]

---

1) TRIPLETT, George W., Zanzibar: The Politics of Revolutionary Inequality, Journal of Modern African Studies, vol. IX, 1971, S. 612.

2) LEGUM, Colin, ACR, vol. III, 1970/71, S. B 174 f.

3) New York Times, June 9, 1964; LARKIN, Bruce D., China and Africa 1949-1970, Berkeley and Los Angeles, 1971, S. 67, 70, 74, 94, 97.

4) TRIPLETT, George W., S. 613.

5) BAILEY, Martin, S. 80.

6) Ebd., S. 81 f.

7) MCGOWAN, Patrick I. and BOLLAND, Patrick, The Political and Social Elite of Tanzania, Syracuse 1971, S. 116.

Nur wenige der neuen afrikanischen Elite Sansibars sind in den Oberschichten der Union vertreten. Die Tanganjikaner bleiben zumeist auf dem Festland und die Sansibaris auf den Inseln. Während zwar die Eliten der beiden Teile der Union sich durch Antikolonialismus und afrikanisches Bewußtsein auszeichnen, fehlen ihnen der gemeinsame Schulbesuch und die gemeinsame Arbeit und damit die gemeinsamen Erfahrungen in Organisationen, wie der Armee und der Polizei oder in der Verwaltung, d.h. sie haben einen unterschiedlichen Background und damit in gewissem Maße auch einen unterschiedlichen Bezugsrahmen. Außerdem ist die Elite Sansibars städtisch und mohammedanisch, während die Tanganjikas ländlich und im überwiegenden Maße christlich ist. So bleibt die Integration Tansanias eine offene Frage.[1] MCGOWAN und BOLLAND finden ihre Hypothesen bestätigt und sind der Meinung, daß die Unterschiede in den beiden Eliten einen erheblichen Teil der Schwierigkeiten auf dem Wege zur Integration der Nation Tansania erklären.[2]

Viele Probleme Sansibars entstanden durch den niedrigen Bildungsgrad[3] der Mitglieder der Regierung und der Verwaltung. Die Regierung war der Meinung, daß eine gute Schulbildung politisch unzuverlässig mache. Nur drei Regierungsmitglieder hatten eine höhere Schule besucht und es hat den Anschein, daß der Standard eher absinkt. Bei einer Regierungsumbildung im Juli 1970 wurden drei Principal Secretaries in den Ministerien mit College-Ausbildung durch Männer ersetzt, die eine schlechtere Ausbildung hatten.

KARUME wurde am 7. April 1972 in der Stadt Sansibar[4] ermordet. Nach seinem Tode setzte sowohl auf den Inseln wie auf dem Festland eine umfangreiche Verhaftungswelle[5] ein, vor allem unter den ehemaligen Mitgliedern der Umma Party. Nach der Revolution im Jahre 1964 war diese Partei[6] von der ASP absorbiert worden und die ehemaligen Mitglieder

---

1) MCGOWAN, Patrick I. and BOLLAND, Patrick, S. 121.

2) Ebd., S. 122, 124.

3) TRIPLETT, George W., S. 615.

4) New York Times, April 9, 1972.

5) MARTIN, David, Man who killed Karume was Son of an Assassin, Observer, 16 April 1972; New York Times, May 7, 1972; HOLDEN, David, Karume: Exit a Brutal Oppressor - but the Political Thugs remain, The Sunday Times, April 9, 1972; The Daily Telegraph, August 15, 1972.

6) BAILEY, Martin, S. 90 f.

hatten im Laufe der Jahre immer mehr an Einfluß verloren. Nach der Unterdrückung der Anti-Karume-Verschwörung im Jahre 1967, begann 1972 die langandauernde, latente Opposition gegen die ASP sich öffentlich zu zeigen. Als Antwort darauf bereitete der Kreis um KARUME eine Säuberungsaktion gegen Andersdenkende vor. Sie war vor allem gegen jene gerichtet, die durch ihre politische Rolle in der Vergangenheit für eine Unterstützung durch die Massen in Frage kamen.[1]

Im Februar 1972 verlor BABU, der ehemalige Vorsitzende der Umma Party, auf Betreiben von KARUME seinen Posten als Minister of Economic Affairs and Development Planning in der Unionsregierung in Dar es Salaam. Dieses Verlangen war von dem Gedanken getragen, daß er als der wesentliche Kritiker gegen die ASP auftrat.[2]

Nach dem Attentat auf KARUME war BABU auf dem Festland verhaftet worden, jedoch lehnte NYERERE eine Auslieferung an den Nachfolger KARUMEs ab, da 1969 zwei andere auf dem Festland verhaftete Sansibaris (HANGA und SHARIFF) nach ihrer Auslieferung an KARUME hingerichtet wurden.[3]

1973 kam es zu einem Prozeß. BABUs kommunistische Auffassungen und seine Rolle in den politischen Angelegenheiten Sansibars beherrschten das Gerichtsverfahren.[4] Er wurde in Abwesenheit zum Tode verurteilt und erst im April 1978 auf Anordnung von NYERERE[5] aus dem Gefängnis entlassen. In einem Interview[6] erklärte BABU auf Befragen, daß er überhaupt nichts mit der Ermordung KARUMEs zu tun gehabt habe.
"AN: Who was behind the assassination?
BABU: I think (Lt.) HUMUD (Mohamed) himself (one of the men involved in the actual killing, who was himself killed by police). It's well known his father was killed during (Karume's) regime nad he wanted to avenge his father.
AN: How would you describe your political beliefs?
BABU: My politics are Marxist leaning ...

---

1) CHASE, Hank, The Zanzibar Treason Trial, Review of African Political Economy, No. 6, May-August 1976, S. 19.

2) Ebd., S. 20.

3) BAILEY, Martin, S. 92.

4) CHASE, Hank, S. 25.

5) Africa News, Babu Speaks on Detention, Socialism, May 15, 1978, S. 5.

6) Ebd., S. 8.

AN: Did you have many differences with NYERERE's socialist policies?
BABU: Not much. I always supported the main trends."[1]

Der Tod KARUMEs war für NYERERE eine große politische Entlastung, da KARUMEs Politik der Unterdrückung NYERERE scharfe Kritik von anderen afrikanischen Staaten eingebracht hatte.[2]

Nach KARUMEs Ermordung[3] erhob sich die Frage seiner Nachfolge. Am Tage nach seiner Beerdigung wurde Aboud JUMBE[4] von dem ASP Executive Committee und dem Revolutionary Council zum Präsidenten der ASP und Chairman des Council gewählt. Am folgenden Tage wurde er von NYERERE zum 1. Vizepräsidenten Tansanias ernannt. NYERERE und JUMBE haben gewisse Gemeinsamkeiten. Beide studierten zur gleichen Zeit am Makerere College und erhielten ein Diploma in Education. Nachdem sie mehrere Jahre an Höheren Schulen als Lehrer tätig waren, gaben sie ihre Lehrtätigkeit auf, um in die Politik einzutreten.

JUMBE erklärte am 10. April 1972, er wolle die Politik KARUMEs fortsetzen. Der Guardian berichtet dazu: "Mzee Karume was assassinated and buried was his body only. He has left the party and the Revolutionary Council behind. They are here, they will continue his policy. We shall endeavour to do that for ever and ever."[5]

---

1) Africa News, Babu Speaks on Detention, Socialism, May 15, 1978, S. 8 f.

2) JACOBSON, Philip, After Karume: The 16 Lives in Nyerere's Hands, The Sunday Times, June 25, 1972; The Guardian, Evil Legacy in Zanzibar, April 10, 1972.

3) New York Times, April 13, 1972.

4) Jumbe wurde 1920 in Sansibar geboren und war festland-afrikanischer Abstammung. Er hat ein Diploma in Education vom Makerere College in Kampala, Uganda. Von 1946-1960 war er Lehrer an der Boys' Secondary School in Sansibar. Er wurde Mitglied der ASP, und war von 1964-1972 Minister of State im Office des 1. Vizepräsidenten von Tansania. JUMBE, Sheikh Aboud MWINYI, in: African Bibliographies, Bonn-Bad Godesberg 1973; DICKIE, John and RAKE, John, Who's Who in Africa, New York 1974, S. 504 f.

5) Guardian, November 30, 1972.

JUMBEs Wahl[1] konnte nicht die Lösung des Konflikts bringen, in dem sich die Politik Sansibars nach dem Tode KARUMEs befand. Im Revolutionary Council gab es zwei oppositionelle Gruppen. Auf der einen Seite war Seif BAKARI, der Vorsitzende der ASP Youth League und Oberst in der Armee, der unter KARUME sehr einflußreich war. Dieser Gruppe gehörte auch KARUMEs Sohn Ali an. Diese Gruppe versuchte sicherzustellen, daß ihre Handlungen vor der Ermordung KARUMEs als legitim anerkannt würden. Unter diesen Umständen war sie dann bereit, den Repräsentanten der anderen Gruppe, JUMBE, zum Nachfolger KARUMEs zu wählen.[2] JUMBE war der Meinung, daß der Opposition, die gegenüber der Politik KARUMEs bestanden hatte, nur begegnet werden könne, wenn man gewisse Reformen ergreifen würde, wie "... an active, if limited and controlled, campaign of reforms, notably with respect to the prevailing food shortage, administrative inefficiency, and the activities of the public security apparatus."[3] Kurz nach seiner Wahl lockerte JUMBE die Einfuhrbeschränkungen für Nahrungsmittel und andere lebenswichtige Güter und gab dafür Devisen frei.[4]

Es gab Anzeichen, daß JUMBE den Versuch machte, das Machtzentrum in Sansibar zu verändern. Während KARUME den Revolutionary Council als seine Basis betrachtete, wollte JUMBE die Rolle der ASP verstärken. Im August 1972 wurden die 6 Ministerien[5] in ASP Departments umgewandelt. Im Dezember 1972 fand in Pemba ein ASP Kongreß statt, der zwei bedeutende Entscheidungen fällte. Es wurde eine neue Satzung für die ASP angenommen und Maßnahmen ergriffen, um die Linke (Umma Party) politisch auszuschalten.

- Die neue Satzung der ASP sah die Bildung eines Political Committee vor, das aus 9 Mitgliedern bestand, die von dem ASP Präsidenten ernannt wurden, der Chairman des Committee war. "The Committee will be responsible for the general supervision, translation and recommendation of the policies of the party and government."[6]

---

1) CHASE, Hank, S. 21.
2) Ebd.
3) Ders., S. 21 f.
4) Ebd.
5) LEGUM, Colin, ACR, vol. V, 1972/73, S. B 245 f.
6) Ebd., S. B 245.

- Um die Linke während der Übergangsphase zu unterdrücken, wurden u.a. folgende Resolutionen[1] gefaßt:
  . Mitglieder früherer Parteien in Sansibar konnten keine Ämter in der Regierung bekleiden.
  . Sie konnten nicht Mitglieder der ASP werden.
  . Nur Mitglieder der ASP konnten in der Armee und Polizei dienen.

Seit der Gründung von Tansania im Jahre 1964 war es NYEREREs Ziel, auch die beiden Parteien,[2] die TANU (Tanganyika African National Union) und die ASP (Afro-Shirazi Party), zusammenzuschließen. Am 5. Februar 1977 wurde die Chama Cha Mapinduzi (CCM)(Tanzania Revolutionary Party) gegründet. NYERERE wurde zum Chairman und JUMBE zum Vice-Chairman gewählt. In der Einleitung zur Satzung der CCM wird der Sozialismus als die ideologische Basis der Republik betrachtet. Die Ziele der Partei sind: Festigung der Unabhängigkeit der Republik, Schaffung eines sozialistischen Staates, Sicherung des Rechtswesens, Teilhabe an der Demokratie und der Kampf für die vollständige Befreiung Afrikas.[3]

Die Partei hatte einen Executive Secretary und zwei Stellvertreter, einen auf dem Festland und einen in Sansibar.[4] Die National Conference (NC) ist das oberste Organ der Partei und hat die Macht, Entscheidungen der unteren Instanzen gutzuheißen, zu ändern oder aufzuheben. Sie wählt den Chairman und den Vice-Chairman der Partei und nominiert den Kandidaten für die Wahl des Präsidenten von Tansania. Das National Executive Committee (NEC) hat die Aufgabe, über politische Richtlinien zu entscheiden, Empfehlungen entgegenzunehmen und zu diskutieren, und außerdem die Verteidigung und die innere Sicherheit zu überwachen. Das Central Committee (CC) "... shall be the Party's organ for supervising the day-to-day activities of the Party and public institutions throughout the country under the NEC."[5]

Am 25. April 1977 wurde für die Vereinigte Republik von Tansania eine neue Verfassung[6] verkündigt, die die Interim-Verfassung von 1965 ab-

---

1) CHASE, Hank, S. 22.
2) LEGUM, Colin, ACR, Vol. IX, 1976/77, S. B 340 ff.
3) Ebd., S. B 342.
4) Ebd., S. B 343.
5) Ebd.
6) Africa Research Bulletin, Political, Social and Cultural, June 1-30, 1977, S. 4389.

löst. Unter der neuen Verfassung werden die Mitglieder des Parlaments, die von Sansibar kommen, zum ersten Male gewählt und nicht ernannt. Nach der neuen Verfassung bleiben die getrennten Regierungen auf dem Festland und den Inseln erhalten und der Präsident muß seine Regierungsaufgaben in Übereinstimmung mit der Partei erfüllen, wobei er vom Kabinett beraten wird. Früher konnte der Präsident unabhängig entscheiden, soweit er im Rahmen der Gesetze blieb.[1]

Die Bildung der neuen Partei, der CCM, machte Tansania[2] endlich zu einem Einparteienstaat, wie es in der Interim Constitution bereits vorgesehen war. Außerdem ist zu hoffen, daß die CCM das Instrument bereitet, durch das die politische Richtung harmonisiert werden kann. In der Entwicklung der Union gab es bei einigen grundlegenden Fragen u.a. bei der Entwicklung einer politischen Kultur unterschiedliche Meinungen. So waren z.B. Sansibars Führer mit einigen Auffassungen, wie sie in der Arusha Declaration vertreten werden, nicht einverstanden.

Die Arusha Declaration, die 1967 von NYERERE verkündet worden war, brachte eine radikale Umformung der Gesellschaft des Festlandes, des ehemaligen Tanganjika. Sie war von der TANU mit einer wesentlichen Beteiligung NYEREREs, jedoch ohne Einflußnahme der ASP entwickelt worden und gehört immer noch zu den interessantesten politischen Dokumenten, die die Phase der Dekolonisierung, d.h. der Bildung unabhängiger Staaten seit Ende 1950 in Afrika hervorgebracht hat. Dazu äußert sich die Zeitschrift Africa in einer Stellungnahme wir folgt: "It laid down some impressive guidelines for a developing state and most especially its analysis of the uses - or misuses - of aid remains masterly. The difficulty has always been in the ability of Tanzania - or any other developing country - to live up to such guidelines."[3]

Der institutionelle Rahmen der CCM bietet die Möglichkeit der politischen Koordination, da die CCM über der Verwaltung des Festlandes und der Inseln steht. Obwohl gewisse residuale Probleme bleiben, kann die Gründung der CCM doch als Meilenstein in der Entwicklung von Tansania angesehen werden.

---

1) Africa Research Bulletin, June 1-30, 1977, P. 4389; Daily News, April 22/26, 1977.

2) Tanzania - A Passage to Pan-Africanism, Africa, No. 66, February 1977.

3) A Momentous Year, Africa, No. 78, February 1978, S. 81.

Am 5. Oktober 1979 erhielt Sansibar eine neue Verfassung.[1] Die Exekutive besteht aus dem Präsidenten und dem Revolutionary Council, während die Legislative vom House of Representatives gebildet wird. Der Präsident wird durch allgemeine Wahlen mit einfacher Mehrheit ermittelt. Der Revolutionary Council besteht aus höchstens 35 Mitgliedern, darunter die Minister, Mitglieder des Parlaments von Tansania und der Exekutive der CCM von Sansibar.

Die Wahlen für das House of Representatives fanden am 7. Januar 1980 statt. Wahlberechtigt waren etwa 5 000 Mitglieder der CCM, für jeden Wahlkreis waren von der CCM 2 Kandidaten nomminiert worden. Es waren die ersten Wahlen seit der Revolution von 1964.

---

1) The Times January 8, 1980; Africa News, vol. XIV/2, January 14, 1980; New African, February 1980.

F. ZUSAMMENFASSUNG

Die ostafrikanische Küste gehörte schon lange vor Christi Geburt zum Handelsgebiet des Indischen Ozeans, was durch den Monsun und die Ausfuhr von Gold, Elfenbein und Sklaven bedingt war. Seit dem 7. Jahrh. kam es zu einer Wanderbewegung von Kauffahrern und politischen und religiösen Flüchtlingen vor allem aus Persien und Südarabien in das ostafrikanische Küstengebiet und zur Gründung von Handelsposten und Stadtstaaten.

Durch das Konnubium der Migranten und der afrikanischen Autochthonen kam es zur Bildung einer Mischbevölkerung, die den Namen Suaheli erhielt und Träger einer afro-asiatischen Mischkultur wurde. Schiraz und Oman trugen zur politischen Führungsstruktur bei, Hadramaut brachte den Islam und Afrika zwang die Migranten, eine Bantu-Sprache anzunehmen. Drei Subkulturen, die südwest-arabisch-islamische in der hadramautischen Ausprägung, die südost-arabisch-islamische in der omanischen Ausprägung und die persisch-islamische hatten durch einen Interaktionsprozeß mit einer afrikanischen Kultur zur Bildung der Kultur der Suahelis beigetragen. Schirazis sind Suahelis, die sich im politischen Sinn mit einer persisch-islamischen und afrikanischen Abstammung identifizieren. Es ist weiter nichts als eine Bezeichnung, die zur Abgrenzung gegenüber den Suahelis arabischer Abstammung und den Festland-Afrikanern dienen soll.

Das bedeutendste Ereignis an der ostafrikanischen Küste zu Beginn der Neuzeit war nicht die Ankunft der Portugiesen 1498, sondern ihre Vertreibung aus Oman und der wiederbeginnende Einfluß der Araber im Indischen Ozean. Die beiden wichtigsten Vorgänge, die die Geschichte der ostafrikanischen Küste zwischen 1498 und 1840 beeinflußten, waren die Übersiedlung des Herrschers von Oman von Südostarabien nach Sansibar und das Auftreten der Engländer im Indischen Ozean. Im Gegensatz zum Mittelalter, als es durch die persischen und arabischen Wanderbewegungen zur Gründung von einzelnen unabhängigen Stadtstaaten kam, handelte es sich nun um eine gezielte Ausweitung des arabischen Einflusses an der ostafrikanischen Küste, der von einer Zentralinstanz ausging. Omans Herrschaft war nicht zuletzt deshalb so wirksam, weil sie eine wirtschaftliche Grundlage durch den Anbau von Gewürznelken hatte, die 1818 von Réunion eingeführt worden waren. Der wirtschaftliche Reichtum war nur ein Mittel, um politische Macht zu erreichen.

Schwierigkeiten ergeben sich bei der Bestimmung des Kolonialismus, soweit er von einer außereuropäischen, hier arabischen, Herrschaftsstruktur getragen wurde, denn zu Beginn des 19. Jhr. kam es in Sansibar durch die Oman-Araber zur Ausbildung einer "quasi-kolonialen" Machtausübung, die als präindustriell und merkantil bezeichnet werden kann.

Grundlage dieser Untersuchung sind die zeitlichen Abläufe der Kolonisations- und Dekolonisationsprozesse, die im Bereich der Territorien der Inseln Sansibar, Pemba und Tumbatu - im weiteren als Sansibar bezeichnet - durch die Einflußnahme der Engländer hervorgerufen wurden.

Von einer Kolonie kann dann gesprochen werden, wenn eine Metropolitan Society durch den Prozeß der Kontrollausübung relativ dauerhaft die Bevölkerung in einem entfernten Gebiet in politischer, wirtschaftlicher und kultureller Hinsicht beherrscht, wobei das soziale System der Metropolitan Society mit dem sozialen System der beherrschten Bevölkerung in Interaktion tritt, deren soziales System aber andererseits nicht in das soziale System der Metropolitan Society integriert wird. Die Mitglieder der Metropolitan Society, die die Kontrollausübung vollziehen, werden als Migranten und die vorgefundene Bevölkerung als Autochthone bezeichnet. Unter dem Prozeß der Kontrollausübung, der als Kolonisation bezeichnet wird, sollen jene sozialen Wandlungsprozesse verstanden werden, die zu dem Idealtyp der Kolonie führen sollen. Unter Dekolonisation werden dagegen die Wandlungsprozesse verstanden, die eine Kolonie zu einem selbständigen Staat führen und zwar dem modernen Nationalstaat, wobei das Territorium des Staates durch die koloniale Verwaltungseinheit vorgegeben ist, andererseits aber die Umformung der Bevölkerung zu einer Nation erst vollzogen werden muß.

Unter Nation wird das gesellschaftliche Substrat eines Nationalstaates, d.h. die staatstragende Bevölkerung verstanden, die nach demokratischen Prinzipien diejenigen bestimmt, die die politische Herrschaft ausüben sollen. Es muß unterschieden werden zwischen der nationalen Idee, die die soziale Bewegung des Nationalismus zu verwirklichen sucht, und dem sozialen Gebilde, das den Vorstellungen dieser nationalen Idee entspricht. Unter einem Nationalstaat wird einerseits eine gedachte Herrschaftsordnung verstanden, die nur wirksam werden kann, wenn sie von denen, die eine Nation bilden sollen, als verbindliche Deutung der Wirklichkeit übernommen wird, und andererseits die institutionellen Beziehungen der politischen Herrschaftsausübung, die in dieser Gesellschaft wirksam sind.

1890 regelten England und Sansibar in einem Abkommen die Beziehungen zwischen beiden Staaten. Sansibar wurde englisches Protektorat, was die Beendigung des Sklavenhandels bedeutete und außerdem eine deutsche Inbesitznahme Sansibars verhindern sollte. Mit der Errichtung des Protektorates setzte die frühe Phase im Prozeß der englischen kolonialen Kontrollausübung über Sansibar ein. So hatte sich also auf eine autochthone

Herrschaftsstruktur eine arabische gelegt, die wiederum von einer englischen überlagert wurde.

Die englische koloniale Machtausübung hatte auf die soziale Struktur einen stabilisierenden Effekt. Es bedeutet, daß die elitäre Position der Araber beibehalten wurde. Man beließ die Araber vor allem als die Träger der politischen und zusammen mit den Asiaten - Einwanderern vom indischen Subkontinent - als die Träger der wirtschaftlichen Ober- und Mittelschichten und bemühte sich nicht, den Afrikanern - Schirazis und Festland-Afrikanern - den Aufstieg aus den unteren Schichten zu ermöglichen. Es kam also zum Fortbestehen der vorkolonialen politischen Strukturen, da die Aufnahme in das englische koloniale System in der gleichen Weise erfolgte, wie in dem vorkolonialen politischen, mit anderen Worten, die vorkoloniale Diskriminierung wurde beibehalten.

Mit der Errichtung des Protectorate Council setzte die Phase der beginnenden Dekolonisierung ein, da damit die Beteiligung der Autochthonen an der englischen Kontrollausübung begann. Die Entscheidung der englischen Kolonialmacht in den Protectorate Council neben den Engländern vier arabische und asiatische Repräsentanten aufzunehmen und Schirazis und Festland-Afrikaner von der Repräsentation auszuschließen, sollte sich als folgenschwer für die Zukunft erweisen.

So läßt sich der Einfluß der englischen kolonialen Kontrollausübung auf den sozio-politischen Konflikt in Sansibar zeigen. Das soll den Hintergrund abgeben, vor dem sich nach 1945 der Nationalismus - zuerst der arabische und später der afrikanische - erhob, die im Gegensatz standen zu dem sich abzeichnenden politischen Wandel in Richtung demokratischer Formen.

1926 wurde der Protectorate Council durch einen Legislative und einen Executive Council ersetzt. Die Engländer waren der Auffassung, daß sie durch eine graduelle, im Laufe der Zeit ansteigende Beteiligung der Autochthonen in den repräsentativen und exekutiven Organen der kolonialen Verwaltung zur politischen Entwicklung beitragen würden. Erst ab 1946 waren Afrikaner in diesen Organen vertreten.

Das Aufkommen des Nationalismus bewog jedoch die Engländer, nach 1950 die Idee des allmählichen Fortschritts zur Selbständigkeit und die Verantwortung als Kolonialmacht aufzugeben und zu einem repräsentativen politischen System in Sansibar zu kommen.

Während der Nationalismus, der sich in den Kolonialgebieten Afrikas erhoben hatte, im allgemeinen als eine progressive und integrative Kraft angesehen werden muß, die den politischen Wandel in Richtung einer Beendigung der kolonialen Herrschaft beschleunigte, muß der sich in Sansibar erhebende Nationalismus im Gegenteil als desintegrativ bezeichnet werden. In der multi-ethnischen sansibarischen Gesellschaft war der Nationalismus ein wesentlich komplexeres Phänomen, als in einem Gebiet, in dem die Kolonialregierung einer homogeneren Bevölkerung gegenüberstand.

Der arabische Nationalismus kann als restaurativ bezeichnet werden, da die arabischen Oberschichten mit Argumenten ethnischer und demotischer Art versuchten, die früher selbständige, arabische, politische Einheit Sansibar wieder unter arabische Kontrolle zu bringen.

Der afrikanische Nationalismus und die Idee einer afrikanischen Nation Sansibar wurden einerseits durch die englische politische Kontrollausübung hervorgerufen, die die Araber bevorzugte und den Afrikanern lange Zeit jede politische Teilhabe versagte, und andererseits durch die arabischen Autochthonen, die bei einer Ablösung der englischen politischen Kontrolle und damit Selbständigkeit von Sansibar versuchten, erneut dieses Gebiet unter ihre Herrschaft zu bringen. Zum Entstehen des afrikanischen Nationalismus kam es aber erst, als es gelungen war, die autochthonen Schirazis und die nach Sansibar eingewanderten Festland-Afrikaner zu einem gemeinsamen Identifikationsbezug zu bringen.

Die Engländer erklärten sich bereit, daß 1957 die inoffiziellen Mitglieder des Legislative Council durch eine allgemeine Wahl bestimmt würden. Es kam zur Bildung von politischen Parteien.

Die Zanzibar Nationalist Party (ZNP) versuchte, unter Führung der Oman-Araber, mit einem überethnischen Konzept Anhänger bei allen ethnischen Gemeinschaften zu finden. 1963 trennte sich Abdul Rahman Mohammed (Babu) und mit ihm ein erheblicher Teil Radikaler, die der Führungsspitze angehörten und gründeten die Umma Party.

Die Afro-Shirazi Union (ASU) war eine Vereinigung der Shirazi Association und der African Association. 1959 spaltete sich die ASU. Der eine Teil unter Karume nannte sich nun Afro-Shirazi Party (ASP), der sich vor allem die Festland-Afrikaner anschlossen, während der andere Teil unter Shamte die Zanzibar and Pemba Peoples' Party (ZPPP) gründete.

So stand die Idee der ZNP Sansibar als arabisch-afrikanische und islamische Einheit der Idee der ASP gegenüber, Sansibar als afrikanische Einheit zu sehen.

Das Zentralproblem der politischen Entwicklung in Sansibar war der Versuch des kleinen arabischen ethnischen Gebildes, die politische und teilweise auch die wirtschaftliche Kontrolle zu behalten, d.h. die Afrikaner von der politischen und wirtschaftlichen Kontrolle auszuschließen. Wesentlich war, daß nach dem Juni 1961 die Araber die Mehrheit der Sitze im Legislative Council hatten, was ihnen mit Hilfe eines Teiles der mohammedanischen Schirazi, mit denen sie gewisse gemeinsame Interessen hatten, gelungen war. Es war also den Arabern gelungen, obwohl sie zahlenmäßig in der Minderheit waren und trotz der Einführung von repräsentativen Institutionen, die politische Kontrolle wieder zu übernehmen. Trotz parlamentarischer Regierungsformen, die von den Engländern eingeführt worden waren, kam es zu einem Versagen der demokratischen Institutionen, die Afrikaner - Schirazis und Festland-Afrikaner - suchten den Konflikt durch eine Revolution zu lösen.

Im Juni 1963 erhielt Sansibar die innere Selbstverwaltung. Im Juli 1963 wurden Wahlen abgehalten, bei denen die Afro-Shirazi Party - die Partei der Schirazis und der Festland-Afrikaner - 54 % der Stimmen, aber nicht die Mehrheit der Sitze erhielt. Wie bei den Wahlen im Juni 1961 waren auch 1963 die Stimmen der ASP auf wenige Gebiete konzentriert, so z.B. auf die Stadt Sansibar und die zentralen und südlichen Gebiete der Insel, wo die ASP teilweise über 80 % der Stimmen erhielt.

Die Wahlniederlage der ASP war die indirekte Ursache der Revolution im Januar 1964. Die Koalitionsregierung der Zanzibar Nationalist Party - vor allem die Partei der Araber - und der Zanzibar and Pemba Peoples' Party - die Partei der Schirazi von Pemba - war mit der Tatsache konfrontiert, daß einerseits im Protektorat über die Hälfte und andererseits auf der Insel Sansibar 2/3 der Wähler gegen sie gestimmt hatten.

Am 10. Dezember 1963 erhielt Sansibar die Unabhängigkeit. Am 12. Januar 1964 kam es zu einer Revolution. Von der Afro-Shirazi Party und der Umma Party wurde ein Revolutionary Council unter Führung von Karume gebildet. ZNP und ZPPP wurden aufgelöst, die Umma Party schloß sich der ASP an und Sansibar wurde ein Einparteienstaat.

Zur Klärung dieser Vorgänge wurde das theoretische Modell der pluralen Gesellschaft eingeführt, da die sansibarische Gesellschaft zum Zeitpunkt der Unabhängigkeit diesem Modell sehr nahe kam. Unter einer pluralen Gesellschaft wird ein soziales System verstanden, das durch einen hohen Grad der Nicht-Integration, ethnischer Differenzierung im wirtschaftlichen Sektor, unterschiedlicher ethnischer Beteiligung im politischen Subsystem und exklusiver Mitgliedschaft in einem ethnischen Gebilde gekennzeichnet ist. Das System wird durch die Herrschaft einer ethnischen Minderheit - hier der Araber - im politischen Bereich zusammengehalten.

Einerseits entsteht bei der Einführung von politischen Reformen in pluralen Gesellschaften eine besondere Form des politischen Konflikts - die Idee einer repräsentativen demokratischen Regierung und die tatsächliche Ungleichheit, vor allem im politischen Bereich, rufen schwere Dissonanzen hervor - und andererseits sollen, als Folge der in der pluralen Gesellschaft herrschenden Ungleichheit im politischen Bereich, die Ursachen geklärt werden, die zur Revolution im Januar 1964 führten.

Die Bildung einer pluralen Gesellschaft begann in Sansibar in der ersten Hälfte des 19. Jahrhunderts, als Sansibar die Hauptstadt des oman-arabischen Herrschaftsbereiches wurde. Von der englischen kolonialen Kontrollausübung blieb die Struktur der pluralen Gesellschaft unberührt.

Ethnische Kategorien, die eine so wichtige Rolle in pluralen Gesellschaften spielen, können durch strukturelle Beziehungen zwischen den Kollektivitäten neu entstehen oder sich verändern. So trennte sich die Mehrzahl der Schirazis von den Festland-Afrikanern, andererseits war das Suaheli unter Arabern und Schirazis verbreitet. Dagegen kam es zu schweren Konflikten auf der Insel Sansibar zwischen Arabern einerseits und Festland-Afrikanern und Schirazis andererseits. Die Schirazis wären geeignet gewesen, zwischen den Arabern und Festland-Afrikanern zu vermitteln und damit auf den Konflikt ausgleichend zu wirken. Außerdem waren in der Verfassung genügend Möglichkeiten vorgesehen, die einen friedlichen Wandel erlaubten.

Die ethnische Identifizierung war entscheidend in Sansibar, jedoch wurde das Wahlverhalten auch von historischen, religiösen und sozio-ökonomischen Gründen "as crosspressure influences" bestimmt. Die spätere Koalition der ZNP/ZPPP konnte gewisse Identifizierungs-Alternativen zum Ethnischen, wie die Institution des Sultanats, den Islam und geschichtliche und wirtschaftliche Beziehungen zwischen Arabern und Pemba-Schirazis in sich vereinen.

Die Revolution in Sansibar war ein Kampf der Afrikaner, vor allem der Festland-Afrikaner, gegen die Araber, also ein ethnischer und kein Klassenprotest. Natürlich kann in pluralen Gesellschaften, die durch politische Ungleichheit gekennzeichnet sind, die Bedeutung wirtschaftlicher Prozesse und die wirtschaftliche Differenzierung nicht verneint werden. Die Sansibaris aber hatten keine gemeinsamen wirtschaftlichen Interessen - mit einer gewissen Ausnahme der Araber und Schirazis in Pemba -, die zur Solidarität und damit auch zu gemeinsamen politischen Interessen über die Grenzen der ethnischen Gebilde hinweg geführt hätten.

Die Umma Party hatte sich nicht an den Wahlen von 1963 beteiligt, wurde aber nach diesem Zeitpunkt zu einer regierungsfeindlichen Kerngruppe, die andere oppositionelle Kräfte, wie Mitglieder der Gewerkschaften, der ASP und der Presse sammelte. In dieser Gruppe entstand das Konzept eines gewaltsamen politischen Wechsels in Sansibar. Die Mehrzahl der oppositionellen Kräfte in Sansibar wurde zur Umma Party hingezogen, da die ASP zu dieser Zeit nicht imstande war, aktiv in die politische Auseinandersetzung einzugreifen. In der Ideologie der Umma Party verband sich ein multiethnisches (demotisches), nationales mit einem kommunistischen Konzept Pekinger Prägung.

Wie bereits erwähnt, wurde nach der Revolution in Sansibar im Januar 1964 ein Revolutionary Council unter Karume gebildet und die Peoples' Republic of Zanzibar gegründet. Diese und die Republic of Tanganyika schlossen am 22. April 1964 einen Unionsvertrag. Ende 1964 erhielt die Vereinigte Republik den Namen Tansania. Dieser Name war aus den drei Anfangsbuchstaben jedes der beiden Länder (Tanganjika und Sansibar) gebildet worden. Am 10 Juli 1965 trat eine Interim-Verfassung in Kraft, die im wesentlichen dem schon vorher geübten Verfahren der Ergänzung der Verfassung von Tanganjika folgte.

Es hat den Anschein, daß das zentrale Anliegen der Vereinigten Republik Tansania die Sicherung der Macht der Afro-Shirazi Party auf Sansibar war. Schon vor der Gründung Tansanias hat es zwischen Karume und Nyerere enge persönliche Kontakte gegeben.

Während einerseits viele Sansibaris durch die Revolution von 1964 ihren Oberschichtstatus verloren hatten, sind andererseits nur wenige der neuen afrikanischen Elite Sansibars in den Oberschichten der Union vertreten. So bleiben die Tanganjikaner zumeist auf dem Festland und die Sansibaris auf den Inseln. Während zwar die Eliten der beiden Teile der Union sich durch Antikolonialismus und afrikanisches Bewußtsein auszeichnen, fehlen ihnen der gemeinsame Schulbesuch und die gemeinsame Arbeit und damit die gemeinsamen Erfahrungen in Organisationen, wie der Armee und der Polizei oder in der Verwaltung, d.h. sie haben einen unterschiedlichen Background und damit in gewissem Maße auch einen unterschiedlichen Bezugsrahmen. Außerdem ist die Elite Sansibars städtisch und mohammedanisch, während die Tanganjikas ländlich und im überwiegenden Maße christlich ist. So bleibt die Integration Tansanias eine offene Frage.

Karume wurde am 7. April 1972 ermordet. Das ASP Executive Committee und der Revolutionary Council wählten Aboud Jumbe zum Präsidenten der ASP und Chairman des Councils, Nyerere ernannte ihn zum 1. Vizepräsidenten Tansanias.

Seit der Gründung von Tansania im Jahre 1964 war es Nyereres Ziel, auch die beiden Parteien, die TANU - Tanganjika African National Union - und die ASP - Afro-Shirazi Party - zusammenzuschließen. Am 5. Februar 1977 wurde die Chama Cha Mapinduzi (CCM) - Tanzania Revolutionary Party - gegründet. Nyerere wurde zum Chairman und Jumbe zum Vice-Chairman gewählt.

Am 25. April 1977 wurde für die Vereinigte Republik von Tansania eine neue Verfassung verkündigt, die die Interim-Verfassung von 1965 ablöst. Unter der neuen Verfassung werden die Mitglieder des Parlaments, die von Sansibar kommen, zum ersten Male gewählt und nicht ernannt. Nach der neuen Verfassung bleiben die getrennten Regierungen auf dem Festland und den Inseln erhalten.

Die Bildung der neuen Partei, der CCM, machte Tansania endlich zu einem Einparteienstaat, wie es in der Interim Constitution bereits vorgesehen war. Außerdem ist zu hoffen, daß es der CCM gelingt, zu einer politischen Harmonisierung beizutragen. In der Entwicklung der Union gab es bei einigen grundlegenden Fragen u.a. bei der Entwicklung einer politischen Kultur unterschiedliche Meinungen. So waren z.B. Sansibars Führer mit einigen Auffassungen, wie sie in der Arusha Declaration vertreten werden, nicht einverstanden.

Obwohl gewisse residuale Probleme bleiben, kann die Gründung der CCM doch als Meilenstein in der Entwicklung von Tansania angesehen werden, da der institutionelle Rahmen der CCM die Möglichkeit der politischen Koordination bietet, d.h. die CCM steht über der Verwaltung des Festlandes und der Inseln.

Am 5. Oktober 1979 erhielt Sansibar eine neue Verfassung. Die Exekutive besteht aus dem Präsidenten und dem Revolutionary Council, während die Legislative vom House of Representatives gebildet wird. Der Präsident wird durch allgemeine Wahlen mit einfacher Mehrheit ermittelt. Der Revolutionary Council besteht aus höchstens 35 Mitgliedern, darunter die Minister, Mitglieder des Parlaments von Tansania und der Exekutive der CCM von Sansibar.

Die Wahlen für das House of Representatives fanden am 7. Januar 1980 statt. Wahlberechtigt waren etwa 5 000 Mitglieder der CCM, für jeden Wahlkreis waren von der CCM 2 Kandidaten nomminiert worden. Es waren die ersten Wahlen seit der Revolution von 1964.

LITERATURVERZEICHNIS

1. Bücher

ALBERTINI, Rudolf von, Dekolonisation. Die Diskussion über Verwaltung und Zukunft der Kolonien. 1919-1960. Köln 1966.

African Bibliographies, Bonn-Bad Godesberg.

ALMOND, Gabriel A. and VERBA, Sydney, The Civic Culture, Princeton 1968.

AUGER, George A., Tanzania. Education since Uhuru. A Bibliography 1891-1971, The East African Academy, EARIC, Information Circular No. 8, Nairobi 1973.

AYANY, Samuel G., A History of Zanzibar, Nairobi 1970.

BADGER, George Percy, History of the Imans and Seyyids of Oman, London 1871.

BAILEY, Martin, The Union of Tanganyika and Zanzibar: A Study in Political Integration, Eastern African Studies IX, Syracuse 1973.

BALANDIER, Georges, Sociologie actuelle de l'Afrique noire, Paris 1955.

BANTON, Michael P., West African City, London 1957.

BARNETT, Homer Garner, Innovation: The Basis of Cultural Change, New York 1953.

BINDER-KRAUTHOFF, Kristine, Phasen der Entkolonialisierung. Eine Analyse kolonialpolitischer Relikte in Afrika, Berlin 1970.

BROWN, Neville and GUTTERIDGE, William F., The African Military Balance, London 1964.

BUCHACEK, Ivo D., Power Maps: Comparative Politics of Constitutions, Santa Barbara 1973.

BURKE, E.E., Some Aspects of Arab Contact with South East Africa, in: Historians in Tropical Africa, Salisbury 1962.

CAHEN, Claude, The Body Politic, in: Grunebaum, Gustave E. von (Ed.), Unity and Variety in Muslim Civilization, Chicago 1955.

CAMPBELL, Jane, 12. Zanzibar, in: Kitchen, Helen (Ed.), The Educated African, New York 1962, S. 180-187.

COLEMAN, James S. and ROSBERG jr., Carl G. (Eds.), Political Parties and National Integration in Tropical Africa, Berkeley 1964.

COOLEY, Charles Horton, Social Organization, New York 1909.

COOPER, Frederick, Plantation Slavery on the East Coast of Africa, New Haven 1977.

COUPLAND, Reginald, East Africa and its Invaders, Oxford 1938.

-: The Exploitation of East Africa. 1856-1890, 2. Ed., London 1968.

DICKIE, John and RAKE, Alan, Who's Who in Africa, New York 1974.

Festgabe für Friedrich Bülow zum 70. Geburtstag, Berlin 1960.

FLINT, John Edgar, XIII Zanzibar, in: Harlow, Vincent and Chilver, E.M., assisted by Smith, Alison (Eds.), History of East Africa, Vol. II, Oxford 1965, S. 641-671.

FOSTER, Philip and ZOLBERG, Aristide R. (Eds.), Ghana and the Ivory Coast, Chicago 1971.

FRAENKEL, Ernst und BRACHER, Karl Dietrich (Hrsg.), Staat und Politik, Frankfurt 1964.

FRANCIS, Emmerich K., Ethnos und Demos. Soziologische Beiträge zur Volkstheorie, Berlin 1965.

-: Interethnic Relations, New York 1976.

FREEMAN-GRENVILLE, Greville Stewart Parker, The Medieval History of the Coast of Tanganyika, London, Berlin 1962.

-: V. The Coast 1498-1840, in: Oliver, Roland and Mathew, Gervase (Eds.), History of East Africa, Vol. I, Oxford 1963, S. 129-168.

-: The French at Kilwa Island, Oxford 1965.

FRÖHLICH, Dieter, Nationalismus und Nationalstaat in Entwicklungsländern, Meisenheim am Glan 1970.

FURNIVALL, John S., Colonial Policy and Practice, London 1948.

GOBINEAU, Arthur de, Trois Ans en Asie, Paris 1905, 1. Aufl. 1859.

GOWER, Lawrence Cecil Bartlett, Independent Africa. The Challenge to the Legal Profession, Cambridge, Mass., 1967.

GRAY, John, History of Zanzibar from the Middle Ages to 1856, London 1962.

-: VII Zanzibar and the Coastal Belt. 1840-1884, in: Oliver, Roland and Mathew, Gervase (Eds.), History of East Africa, Vol. I, Oxford 1963, S. 212-251.

Great Britain, Report of a Commission of Inquiry into Disturbances in Zanzibar during June 1961, London 1961.

-: Central Office of Information, Reference Pamphlet 60, London 1963.

GREGORY, Robert c., India and East Africa: a History of Race Relations within British Empire, 1890-1939, Oxford 1971.

GRUNEBAUM, Gustave E. von (Ed.), Unity and Variety in Muslim Civilization, Chicago 1955.

GUILLAIN, Charles, L'Afrique Orientale, Vol. I, Paris 1855, Vol. II, Paris 1857.

HARLOW, Vincent and CHILVER, E.M., assisted by Smith, Alison (Eds.), History of East Africa, Vol. II, London 1965.

HEBERLE, Rudolf, Hauptprobleme der Politischen Soziologie, Stuttgart 1967.

HEINTZ, Peter, Ein soziologisches Paradigma der Entwicklung, Stuttgart 1969.

HIRSCH, Ernt E., Die Rezeption fremden Rechts als sozialer Prozeß, in: Festgabe für Friedrich Bülow zum 70. Geburtstag, Berlin 1960, S. 121-137.

Historians in Tropical Africa, Salisbury 1962.

HODGKIN, Thomas, Nationalism in Tropical Africa, New York 1957.

HOLLINGSWORTH, Lawrence William, A Short History of the East Coast of Africa, London 1929.

-: Zanzibar under the Foreign Office. 1890-1913, London 1953.

KORNHAUSER, William, The Politics of Mass Society, London 1960.

KUPER, Leo, Chapter 1, Plural Societies: Perspectives and Problems, in: Kuper, Leo and Smith, Michael G.(Eds.), Pluralism in Africa, Berkeley 1971, S. 7-26.

KUPER, Leo and SMITH, Michael G., Introduction to Part II, in: Kuper, Leo and Smith, Michael G. (Eds.), Pluralism in Africa, Berkeley 1971, S. 85-90.

KUPER, Leo, Chapter 14, Ethnic and Racial Pluralism: Some Aspects of Polarization and Depluralization, in: Kuper, Leo and Smith, Michael G. (Eds.), Pluralism in Africa, Berkeley 1971, S. 459-487.

-: Race, Class and Power, Chicago 1974.

-: The Pity of it All: Polarisation of Racial and Ethnic Relations, Minneapolis 1977.

LANGE, Max G., Politische Soziologie, Berlin 1961.

LAPALOMBARA, Joseph and WEINER, Myron (Eds.), Political Parties and Political Development, Princeton 1966.

LARKIN, Bruce D., China and Africa 1949-1970, Berkeley 1971.

LEE, John Michael, Colonial Development and Good Government - A Study of the Ideas by the British Official Classes in Planning Decolonization 1939-1964. Oxford 1967.

-: African Armies and Civil Order, London 1969.

LEGUM, Colin, Africa Contemporary Record, Vol.I, 1968/69, London 1969,
- Vol. II, 1969/70, Exeter 1970,
- Vol. III, 1970/71, London 1971,
- Vol. IV, 1971/72, London 1972,
- Vol. V, 1972/73, London 1973,
- Vol. VI, 1973/74, London 1974,
- Vol. VII, 1974/75, London 1975,
- Vol. VIII, 1975/76, London 1976,
- Vol. IX, 1976/77, London 1977.

LITTLE, Kenneth, The Role of Voluntary Associations in West African Urbanization, in: Van den Berghe, Pierre, Africa, San Francisco 1965, S. 325-345.

LOFCHIE, Michael F., 13 Zanzibar, in: Coleman, James S., and Rosberg jr., Carl G. (Eds.), Political Parties and National Integration in Tropical Africa, Berkeley 1964, S. 482-509.

-: Zanzibar: Background to Revolution, Princeton 1965.

-: The Zanzibari Revolution: African Protest in a Racially Plural Society, in: Rotberg, Robert L. and Mazrui, Ali (Eds.), Protest and Power in Black Africa, New York 1970, S. 924-967.

-: Chapter 9, The Plural Society in Zanzibar, in: Kuper, Leo and Smith, Michael G. (Eds.), Pluralism in Africa, Berkeley 1971, S. 283-328.

LUHMANN, Niklas, Soziologische Aufklärung, Opladen 1970.

MATHEW, Gervase, IV The East African Coast until the Coming of the Portuguese, in: Oliver, Roland and Mathew, Gervase (Eds.), History of East Africa, Vol. I, Oxford 1963, S. 94-127.

McGOWAN, Patrick I. and BOLLAND, Patrick, The Political and Social Elite of Tanzania, Syracuse 1971.

MEINECKE, Friedrich, Weltbürgertum und Nationalstaat, München und Berlin 1908.

MIDDLETON, John, Land Tenure in Zanzibar, Colonial Office, Colonial Research Studies 33, London 1961.

MIDDLETON, John and CAMPBELL, Jane, Zanzibar. Its Society and its Politics, London 1965.

MIDDLETON, John, The Immigrant Communities (3): The Arabs of East African Coast, in: Low, D.A. and Smith, Alison (Eds.), History of East Africa, Vol. III, Oxford 1976, S. 489-507.

MIERS, Suzanne, Britain and the Ending of the Slave Trade, New York 1975.

MILES, G., The Countries and Tribes of the Persian Gulf, London 1920 (?).

MOLNOS, Angela, Die sozialwissenschaftliche Erforschung Ostafrikas 1954-1963, Berlin 1965.

MONTEIL, V., The Decolonization of the Writing of History (1962), in: Wallerstein, Immanuel (Ed.), Social Change, New York 1966, S. 592-605.

The New Africans: Reuters Guide to the Contemporary History of Emergent Africa and its Leaders, London 1967.

OKELLO, John, Revolution in Zanzibar, Nairobi 1967.

OLIVER, Roland and MATHEW, Gervase (Eds.), History of East Africa, Vol. I, Oxford 1963.

OMINDE, Simeon, The Population of Kenya, Tanzania and Uganda, Nairobi 1975.

PEARCE, Francis Barrow, Zanzibar, The Island Metropolis of Eastern Africa, London 1920.

PEASLEE, Amos J., Constitution of Nations, Vol. I, Africa, Revised Third Edition, Den Haag 1965.

PRATT, Cranford, The Critical Phase in Tanzania 1945-1968, Cambridge 1976.

PRINS, Adrian Hendrik John, The Swahili-Speaking Peoples of Zanzibar and the East African Coast, London 1967.

SCHEUCH, Erwin K., und WILDERMANN, Rudolf, Zur Soziologie der Wahl, KZSS, Sonderheft 9, Köln 1965.

SCHNEIDER, Karl-Günther, Dar es Salaam: Stadtentwicklung unter dem Einfluß der Araber und Inder, Beiträge zur Länderkunde Afrikas, Bd. II, Wiesbaden 1965.

SEGAL, Ronald, Political Africa: A Who's Who of Personalities and Parties, New York 1961.

SMITH, Michael G., The Plural Society in the British West Indies, Berkeley 1965.

-: Chapter 2, Institutional and Political Conditions of Pluralism, in: Kuper, Leo and Smith, Michael G. (Eds.), Pluralism in Africa, Berkeley 1971, S. 27-65.

SMITH, William Edgett, We Must Run, While They Walk, New York 1971.

STIGAND, Chauncey Hugh, The Land of Zinj, London 1966 I. Aufl. London 1913.

STRANDES, Justus, Die Portugiesenzeit von Deutsch- und Englisch-Ostafrika, Berlin 1899.

Tanzania, Keesings Research Report, Africa Independent, New York 1972, S. 119-125.

TRIMINGHAM, John Spencer, Islam in West Africa, Oxford 1954.

-: Islam in East Africa, Oxford 1964.

-: The Influence of Islam upon Africa, London 1968.

TURNER, Ralph H. and KILLIAN, Lewis M., Collective Behavior. New York 1957.

VAN DEN BERGHE, Pierre L. (Ed.), Africa. Social Problems of Change and Conflict, San Francisco 1965.

VAUGHAN, John Henry, The Dual Jurisdiction in Zanzibar, Zanzibar 1935.

VELTEN, Carl, Prosa und Poesie der Suaheli, Berlin 1907.

WALLERSTEIN, Immanuel, The Road to Independence, Paris 1964.

-: 8 Voluntary Associations, in: Coleman, James S. and Rosberg jr., Carl G. (Eds.), Political Parties and National Integration in Tropical Africa, Berkeley 1964, S. 318-339.

-: (Ed.), Social Change, New York 1966.

WEBER, Max, Wirtschaft und Gesellschaft, 4. Aufl., Tübingen 1956.

-: Gesammelte Aufsätze zur Wissenschaftstheorie, 3. Aufl., Tübingen 1968.

WIGHT, Martin, The Development of the Legislative Council 1606-1945, London 1946.

-: British Colonial Institutions, Oxford 1947.

WILSON, E., Who's Who in East Africa, Nairobi 1965.

Zanzibar Protectorate, Notes on the Census of the Zanzibar Protectorate 1948, Zanzibar 1948.

-: Report of the Supervisor on the Elections in Zanzibar 1957, Zanzibar 1958.

-: Report on the Census of the Population of Zanzibar 1958, Zanzibar 1960.

-: Report of the Constitutional Commissioner, Zanzibar 1960.

-: Debates of the Legislative Council, 1926-1938 and 1945-1961, Zanzibar o.D.

ZIEGLER, Heinz O., Die moderne Nation, Tübingen 1931.

ZOLBERG, Aristide, Patterns of Nation-Building, in: Paden, John N. and Soja, Edward W. (Eds.), The African Experience, Vol. I, Essays, Evanston 1970, S. 435-451.

-: 2. Political Development in the Ivory Coast since Independence, in: Foster, Philip and Zolberg, Aristide R. (Eds.), Ghana and the Ivory Coast, Chicago 1971.

2. Dissertationen

AUMÜLLER, Ingeborg, Zum Problem der "Nationwerdung" in Sansibar, Diss., München 1972

BENNETT, Norman Robert, The Arab Power of Tanganyika in the Nineteenth Century, Diss., Boston 1961.

BIRKEN, Andreas, Das Sultanat Zanzibar im 19. Jahrhundert, Diss., Tübingen 1971.

LOFCHIE, Michael F., Constitutional Change and Political Conflict in Zanzibar, Diss., Berkeley 1964.

SHERIFF, Abdul Mohamed Hussein, The Rise of a Commercial Empire: An Aspect of the Economic History of Zanzibar, 1770-1873, Ph.D. Diss., London 1971.

3. Aufsätze in Sammel- und Nachschlagewerken

WERNER, A., Zanzibar and the Swahili People, in: Encyclopaedia of Religion and Ethics, 2. Aufl., Bd. XII, Edinburgh 1934, S. 845-849.

4. Aufsätze in Zeitschriften und Zeitungen

Africa, Tanzania - A Passage to Pan-Africanism, London, February 1977.

-: A Momentous Year, No. 78, February 1978.

Africa Kwetu, September 25, 1952.

Africa News, Babu speaks on Detention, Socialism, May 15, 1978, S. 5, 8-9.

Africa News, January 14, 1980

Africa Research Bulletin, Political, Social and Cultural, June 1-30, 1977.

ALMOND, Gabriel A., Comparative Political Systems, Journal of Politics, Vol. XVIII, 1956, S. 391-409.

ARENS, W., The Waswahili: The Social Theory of an Ethnic Group, Africa, Vol. XXXXV, 1975, S. 426-438.

BONN, Moritz, The Age of Counter-Colonisation, International Affairs, Vol. XIII, 1934, S. 845-847.

CAMPBELL, Jane, Multiracialism and Politics in Zanzibar, Political Science Quarterly, Vol. LXXVII, 1962, S. 72-87.

CHASE, Hank, The Zanzibar Treason Trial, Review of African Political Economy, No. 6, May-August 1976, S. 14-33.

CHITTICK, Neville, The "Shirazi" Colonization of East Africa, Journal of African History, Vol. VI, 1965, S. 275-294.

The Daily Telegraph, August 15, 1972.

DE SMITH, S.A., Westminster's Export Models: The Legal Framework of Responsible Government, Journal of Commonwealth Political Studies, Vol. I, 1961, S. 2-16.

The Financial Times, Will Nyerere Ask for Help in Zanzibar, June 23, 1964.

FRANCIS, Emmerich K., The Ethnic Factor in Nation-Building, Social Forces, Vol. XLVI, 1968, S. 338-346.

FREEMAN-GRENVILLE, Greville, Stewart, Parker, Chronology of the Sultans of Kilwa, Tanganyika Notes and Records, Nr. L, 1958, S. 85-93.

-: Swahili Literature and the History and Archaeology of the East African Coast, Journal of the East African Swahili Committee, Vol. XXVIII, 1958, S. 7-25.

GEHRING, Axel, Zur Theorie der Revolution, Versuch einer soziologischen Präzisierung, KZSS, Bd. XIII, 1971, S. 673-686.

GRAY, John, Trading Expeditions from the Coast to the Lakes Tanganyika and Victoria before 1857, Tanganyika Notes and Records, 1957; Nr. IL, S. 226-246.

The Guardian, June 3, 1961.

-: Evil Legacy in Zanzibar, April 10, 1972.

-: November 30, 1972.

HARRIES, Lyndon, The Arabs and the Swahili Culture, Africa, Vol. XXXIV, 1964, S. 224-229.

HIRSCHBERG, Walter, Die arabisch-persisch-indische Kultur an der Ostküste Afrikas, Mitteilungen der Anthropologischen Gesellschaft, Bd. LXI, 1931, S. 269-284.

HOLDEN, David, Karume: Exit a Brutal Oppressor - but the Political Thugs Remain, The Sunday Times, April 9, 1972.

JACOBSON, Philip, After Karume: The 16 Lives in Nyerere's Hands, The Sunday Times, June 23, 1972.

KRÜGER, Herbert, Verfassung und Recht in Übersee in Zeitschriften und Jahrbüchern, Jahrbuch des öffentlichen Rechts der Gegenwart, Neue Folge, Bd. XVI, 1967, S. 379-382.

KUPER, Leo, Continuities and Discontinuities in Race Relations: Evolutionary and Revolutionary Change, Cahiers d'études africaines 39, Vol. X, 1970, S. 361-381.

KYLE, Keith, Gideon's Voices, The Spectator, Vol. CCXII, February 7, 1964.

-: How it Happened, The Spectator, Vol. CCXII, February 14, 1964.

LEGUM, Colin, How Nyerere Outmanoeuvred Babu of Zanzibar, Observer, 26 April 1964.

LITTLE, Kenneth, The Study of "Social Change" in British West Africa, Africa, Vol. XXIII, 1953, S. 274-284.

LOFCHIE, Michael F., Party Conflict in Zanzibar, The Journal of Modern African Studies, Vol. I, 1963, S. 185-207.

-: Was Okello's Revolution a Conspiracy?, Transition, Vol. VII, No. 33, 1967, S. 36-42.

MARTIN, David, Man who killed Karume was Son of an Assassin, Observer, 16 April 1972.

McAUSLAN, J.P.W.B., The Evolution of Public Law in East Africa in the 1960s, Public Law, 1970, Part I, S. 5-19, Part II, S. 155-174.

MÜHLMANN, Wilhelm Emil, Ethnologie als soziologische Theorie der interethnischen Systeme, KZSS, Bd. VIII, 1956, S. 186-205.

New African, February 1980

New York Times, January 13, 1964,
- January 14, 1964,
- January 31, 1964,
- March 28, 1964,
- April 24, 1964,
- April 25, 1964,
- April 26, 1964,
- June 9, 1964,
- April 9, 1972,
- April 13, 1972,
- May 7, 1972.

Observer, 2 April 1972.

RABL, Kurt, Constitutional Development and Law of the United Republic of Tanzania, in: Jahrbuch des öffentlichen Rechts der Gegenwart, Neue Folge, Bd. XVI, 1967, S. 567-637.

SCHAFFER, Benjamin Bernard, The Concept of Preparation, World Politics, Vol. XVIII, 1965/66, S. 42-67.

SCHRÖDER, Dieter, Tansania, eine Herausforderung an die europäische Verfassungslehre, Afrika Spektrum, Nr. 1, 1969, S. 31-45.

SEALE, Patrick, The Anarchist from Notting Hill Gate, Observer, March 8, 1964.

SMITH, Michael G., Social and Cultural Pluralism, Annals of the New York Academy of Sciences, Vol. LXXXIII, 1960, S. 763-777.

SULZBERGER, C.L., The Power of the Tribes, International Herald Tribune, 19 May 1971.

Time, Happy Island, August 5, 1957.

Time, The French Tie That Binds, February 15, 1971.

The Times January 8, 1980.

TRIPLETT, George W., Zanzibar: The Politics of Revolutionary Inequality, Journal of Modern African Studies, Vol. IX, 1971, S. 612-617.

WEIGT, Ernst, Ostafrika - Treffpunkt der Rassen, Völker und Kulturen, Petermanns Geographische Mitteilungen, Bd. IIC, 1954, S. 289-295.

WERNER, A., A Swahili History of Pate, Journal of the African Society, Vol. XIV, 1915, S. 148-161, 278-296, 392-413.

ZOLBERG, Aristide R., The Structure of the Political Conflict in the New States of Tropical Africa, American Political Science Review, Vol. LXII, 1968, S. 70-87.

5. Broschüren, unveröffentlichte Arbeiten

BATSON, Edward, Report on Proposals for a Social Survey of Zanzibar, Zanzibar 1948.

FRANCIS, Emmerich K., Sociology of Interethnic Relations, Manuscript o.J.

Kimberly to Hardinge (tel.) 9. Mar. 1895, F.O. 107/40.

Portal to Ld. Salisbury, 9 September 1891, F.O. 84.21.49, No. 245.

Portal to Ld. Salisbury: Reports on the Zanzibar Protectorate (C-6955) Africa, No. 4 (1893).

Reports on the Zanzibar Protectorate (c-6955) Africa, No. 4 (1893).

Zanzibar Annual Report for 1914, Cd. 7622-94 (1915).

Zanzibar Nationalist Party, Statement on Babu's Resignation, Zanzibar, Mimeograph 1963.

Zanzibar Protectorate Council Decree, 1914.

Das Entwicklungsländer-Forschungsprogramm des Ifo-Instituts, München

Dank der großzügigen Unterstützung der Fritz Thyssen-Stiftung in Köln war die Abteilung Entwicklungsländer (früher "Afrika-Studienstelle") des Ifo-Instituts für Wirtschaftsforschung in München seit den frühen 60er Jahren in der Lage, ein umfassendes Forschungsprogramm in Angriff zu nehmen, das sich den theoretischen und praktischen Aspekten wirtschaftlicher Entwicklung im allgemeinen und unter besonderer Berücksichtigung Tropisch-Afrikas widmete. Das Programm wurde teilweise durch die Studienstelle selbst, teilweise durch Hinzuziehung anderer Institute und Wissenschaftler getragen.

Die Forschungstätigkeit umfaßt Untersuchungen über primäre Wirtschaftsbereiche (Landwirtschaft, Bergbau, Forstwesen) ebenso wie über den sekundären und tertiären Sektor (Industrialisierungsprobleme, Handwerk, Kleinindustrie, Handel, Bankwesen, Energieversorgung und Transport). Neben makro-ökonomischen und soziologischen Studien (hauptsächlich auf dem Gebiet der Industriesoziologie) werden die Auswirkungen des sozialen Wandels sowie politische, rechtliche und administrative Konsequenzen des Entwicklungsprozesses untersucht.

Die in jüngster Zeit über Tropisch-Afrika hinausgehende Erweiterung des Tätigkeitsfeldes auf Nordafrika, das Südliche Afrika, den Nahen Osten (insbesondere die OPEC-Staaten) sowie Südostasien und Lateinamerika trägt den veränderten weltpolitischen Konstellationen Rechnung, wie sie heute der Dekolonisationsprozeß im südlichen Afrika, die Rohstoff- und insbesondere Ölpolitik der Dritten Welt, die zunehmende Bedeutung der arabischen Staaten für Europa sowie die Notwendigkeit zu vergleichenden Analysen zwischen den einzelnen Entwicklungskontinenten anzeigen.

Der Wandel in der regionalen Schwerpunktbildung hat auch Auswirkungen auf die thematischen Forschungsschwerpunkte. Das Ifo-Institut konzentriert sich in jüngster Zeit verstärkt auf problemorientierte Themenstellungen, die sich in der Regel nicht auf einen Entwicklungskontinent begrenzen lassen. Deshalb wurde in Ergänzung zu der alteingeführten Reihe "Afrika-Studien" eine neue Reihe mit dem Titel "Ifo-Studien zur Entwicklungsforschung" eingerichtet.

Der gegenwärtige Stand des gesamten Forschungsprogramms kann der folgenden Publikationsliste entnommen werden, die in numerischer (chronologischer) Reihenfolge alle bisher erschienenen Titel bringt.

Die 'Afrika-Studien' und 'Forschungsberichte', sowie auch die 'Ifo-Studien zur Entwicklungsforschung' werden vom Weltforum Verlag[1] in München in Zusammenarbeit mit Verlagshäusern in England und den Vereinigten Staaten herausgegeben.

A. Reihe 'Afrika-Studien'

1   Naseem Ahmad und Ernst Becher: ENTWICKLUNGSBANKEN UND -GESELLSCHAFTEN IN TROPISCH-AFRIKA, 1964, 86 Seiten

2   Hans Ruthenberg: AGRICULTURAL DEVELOPMENT IN TANGANYIKA, 1964, 212 Seiten

3   Rolf Güsten und Helmut Helmschrott: VOLKSWIRTSCHAFTLICHE GESAMTRECHNUNG IN TROPISCH-AFRIKA, 1965, 69 Seiten

4   Hans W. Jürgens: BEITRÄGE ZUR BINNENWANDERUNG UND BEVÖLKERUNGSENTWICKLUNG IN LIBERIA, 1965, 104 Seiten

5   Angela von Molnos: DIE SOZIALWISSENSCHAFTLICHE ERFORSCHUNG OSTAFRIKAS 1954-1963, 1965, 304 Seiten

6   Indira Rothermund: DIE POLITISCHE UND WIRTSCHAFTLICHE ROLLE DER ASIATISCHEN MINDERHEIT IN OSTAFRIKA, 1965, 75 Seiten,

7   Hanfried Fliedner: DIE BODENRECHTSREFORM IN KENYA, 1965, 136 Seiten

8   Lübbe Schnittger: BESTEUERUNG UND WIRTSCHAFTLICHE ENTWICKLUNG IN OSTAFRIKA, 1966, 216 Seiten

9   Rolf Güsten: PROBLEMS OF ECONOMIC GROWTH AND PLANNING: THE SUDAN EXAMPLE, 1966, 74 Seiten

10 Hans Ruthenberg: AFRICAN AGRICULTURAL PRODUCTION DEVELOPMENT POLICY IN KENYA 1952-1965, 1966, 180 Seiten

11 Dietrich von Rotenhan: BODENNUTZUNG UND VIEHHALTUNG IM SUKUMALAND/TANZANIA, 1966, 131 Seiten

12 Heinrich Krauss: DIE MODERNE BODENGESETZGEBUNG IN KAMERUN 1884-1964, 1966, 156 Seiten

13 Hermann Pössinger: SISAL IN OSTAFRIKA - UNTERSUCHUNGEN ZUR PRODUKTIVITÄT UND RENTABILITÄT IN DER BÄUERLICHEN WIRTSCHAFT, 1967, 172 Seiten

14 Julius O. Müller: PROBLEME DER AUFTRAGSRINDERHALTUNG DURCH FULBE-HIRTEN (PEUL) IN WESTAFRIKA, 1967, 124 Seiten

15 Margarete Paulus: DAS GENOSSENSCHAFTSWESEN IN TANGANYIKA UND UGANDA - MÖGLICHKEITEN UND AUFGABEN, 1967, 156 Seiten

---

1) Weltforum Verlag, Tintorettostr. 1, D-8000 München 19, Telefon 089/17 50 71

16 Hans-Otto Neuhoff: GABUN - GESCHICHTE, STRUKTUR UND PROBLEME DER AUSFUHRWIRTSCHAFT EINES ENTWICKLUNGSLANDES, 1967, 273 Seiten

17 Jürgen Jensen: KONTINUITÄT UND WANDEL IN DER ARBEITSTEILUNG BEI DEN BAGANDA, 1967, 297 Seiten

18 Werner Kainzbauer: DER HANDEL IN TANZANIA, 1968, 239 Seiten

19 Sigmar Groeneveld: PROBLEME DER LANDWIRTSCHAFTLICHEN ENTWICKLUNG IM KÜSTENGEBIET OSTAFRIKAS, 1967, 124 Seiten

20 Heinz-Günter Geis: DIE GELD- UND BANKSYSTEME DER STAATEN WESTAFRIKAS, 1967, 428 Seiten

21 G. Wolfgang Heinze: DER VERKEHRSSEKTOR IN DER ENTWICKLUNGSPOLITIK - UNTER BESONDERER BERÜCKSICHTIGUNG DES AFRIKANISCHEN RAUMES, 1967, 324 Seiten

22 Heinz Dieter Ludwig: UKARA - EIN SONDERFALL TROPISCHER BODENNUTZUNG IM RAUM DES VIKTORIA-SEES, 1967, 251 Seiten

23 Werner Clement: ANGEWANDTE BILDUNGSÖKONOMIK - DAS BEISPIEL DES SENEGAL, 1967, 224 Seiten

24 Sammelband, herausgegeben von Hans Ruthenberg: SMALLHOLDER FARMING AND SMALLHOLDER DEVELOPMENT IN TANZANIA - TEN CASE STUDIES, 1968, 360 Seiten

25 Manfred Attems: BAUERNBETRIEBE IN TROPISCHEN HÖHENLAGEN OSTAFRIKAS. DIE USAMBARA-BERGE IM ÜBERGANG VON DER SUBSISTENZ- ZUR MARKTWIRTSCHAFT, 1968, 168 Seiten

26 Angela von Molnos: ATTITUDES TOWARDS FAMILY PLANNING IN EAST AFRICA, 1968, 414 Seiten

27 Walter Scheffler: BÄUERLICHE PRODUKTION UNTER AUFSICHT AM BEISPIEL DES TABAKANBAUS IN TANZANIA. EINE SOZIALÖKONOMISCHE STUDIE, 1968, 184 Seiten

28 Ralph Jätzold und Eckhard Baum: THE KILOMBERO VALLEY/TANZANIA: CHARACTERISTIC FEATURES OF THE ECONOMIC GEOGRAPHY OF A SEMIHUMID EAST AFRICAN FLOOD PLAIN AND ITS MARGINS, 1968, 147 Seiten

29 Hans W. Jürgens: UNTERSUCHUNGEN ZUR BINNENWANDERUNG IN TANZANIA, 1968, 166 Seiten

30 Rolf Güsten: STUDIES IN THE STAPLE FOOD ECONOMY OF WESTERN NIGERIA, 1968, 311 Seiten

31 Hermann Pössinger: LANDWIRTSCHAFTLICHE ENTWICKLUNG IN ANGOLA UND MOÇAMBIQUE, 1968, 284 Seiten

32 J.A. Hellen: RURAL ECONOMIC DEVELOPMENT IN ZAMBIA, 1890-1964, 1969, 328 Seiten

33 Joseph Vasthoff: SMALL FARM CREDIT AND DEVELOPMENT - SOME EXPERIENCES IN EAST AFRICA, 1968, 144 Seiten

34 K. Schädler: CRAFTS, SMALL-SCALE INDUSTRIES AND INDUSTRIAL EDUCATION IN TANZANIA, 1969, 265 Seiten

35 E.-J. Pauw: DAS BANKWESEN IN OSTAFRIKA, 1969, 278 Seiten

36 El-Shagi El Shagi: NEUORDNUNG DER BODENNUTZUNG IN ÄGYPTEN (DREI FALLSTUDIEN) 1969, 175 Seiten

37 Hans Amann: ENERGY SUPPLY AND ECONOMIC DEVELOPMENT IN EAST AFRICA, 1969, 254 Seiten

38 Axel von Gagern: DIE AFRIKANISCHEN SIEDLER IM PROJEKT URAMBO/TANZANIA: DIE PROBLEME DER LEBENSGESTALTUNG, 1969, 150 Seiten

39 R. Golkowsky: BEWÄSSERUNGSLANDWIRTSCHAFT IN KENYA - DARSTELLUNG GRUNDSÄTZLICHER ZUSAMMENHÄNGE AN HAND EINER FALLSTUDIE: DAS MWEA IRRIGATION SETTLEMENT, 1969, 149 Seiten

40 H. Hieber: WIRTSCHAFTSSTATISTIK IN ENTWICKLUNGSLÄNDERN, DARGESTELLT AM BEISPIEL UGANDAS, 1969, 244 Seiten

41 W. Fischer: DIE ENTWICKLUNGSBEDINGUNGEN UGANDAS. EIN BEISPIEL FÜR DIE PROBLEME AFRIKANISCHER BINNENSTAATEN, 1969, 274 Seiten

42 H. Kraut/H.-D. Cremer und Mitarbeiter: INVESTIGATIONS INTO HEALTH AND NUTRITION IN EAST AFRICA, 1969, 342 Seiten

43 O. Neuloh und Mitarbeiter: DER OSTAFRIKANISCHE INDUSTRIEARBEITER ZWISCHEN SHAMBA UND MASCHINE, UNTERSUCHUNGEN ÜBER DEN PERSONALEN UND SOZIALEN WANDEL IN OSTAFRIKA, 1969, 440 Seiten

44 B. Mohr: DIE REISKULTUR IN WESTAFRIKA. VERBREITUNG UND ANBAUFORMEN, 1969, 163 Seiten

45 H. Helmschrott: STRUKTUR UND WACHSTUM DER TEXTIL- UND BEKLEIDUNGSINDUSTRIE IN OSTAFRIKA, 1969, 130 Seiten

46 E.C. Klein: SOZIALER WANDEL IN KITEZI/BUGANDA, EINEM DORF IM EINFLUSSBEREICH DER STADT KAMPALA (UGANDA), 1969, 160 Seiten

47 M. Yaffey: BALANCE OF PAYMENTS PROBLEMS IN A DEVELOPING COUNTRY: TANZANIA, 1970, 290 Seiten

48 R. Bartha: FUTTERPFLANZEN DER SAHELZONE AFRIKAS / FODDER PLANTS IN THE SAHEL ZONE OF AFRICA / PLANTES FOURRAGÈRES DE LA ZONE SAHÉLIENNE D'AFRIQUE (getrennte Ausgaben in deutscher, englischer und französischer Sprache), 1970, 306 Seiten

49　B. Heine: STATUS AND USE OF AFRICAN LINGUA FRANCAS, 1970, 206 Seiten

50　Staewen/Schönberg: KULTURWANDEL UND ANGSTENTWICKLUNG BEI DEN YORUBA WESTAFRIKAS, 1970, 434 Seiten

51　P. Zajadecz (Hrsg.): PRODUCTION AND DISTRIBUTION IN EAST AFRICA (Sammelband), 1970, 441 Seiten

52　R. Vente: PLANNING PROCESSES. THE EAST AFRICAN CASE, 1970, 233 Seiten

53　P.v. Marlin (Hrsg.): FINANCIAL ASPECTS OF DEVELOPMENT IN EAST AFRICA (Sammelband), 1970, 396 Seiten

54　D. Bald: DEUTSCH-OSTAFRIKA 1900-1914. EINE STUDIE ÜBER VERWALTUNG, INTERESSENGRUPPEN UND WIRTSCHAFTLICHE ERSCHLIESSUNG, 1970, 238 Seiten

55　K.v.Sperber: PUBLIC ADMINISTRATION IN TANZANIA, 1970, 120 Seiten.

56　F.v. Benda-Beckmann: RECHTSPLURALISMUS IN MALAWI, 1970, 216 Seiten

57　N. Ahmad: DEFICIT FINANCING, INFLATION AND CAPITAL FORMATION: THE GHANAIAN EXPERIENCE, 1970, 164 Seiten

58　H. Blume: ORGANISATIONAL ASPECTS OF AGRO-INDUSTRIAL DEVELOPMENT AGENCIES - 9 CASE STUDIES IN AFRICA (TEA - COTTON - OIL - PALM), 1971, 239 Seiten

59　R. Bartha: STUDIEN ZUR FRAGE DER ZEBU-RINDERZUCHT IN DEN TROPEN, 1971, 172 Seiten

60　H. Schiffers: DIE SAHARA UND IHRE RANDGEBIETE. DARSTELLUNG EINES NATURGROSSRAUMES (BAND I: PHYSIOGEOGRAPHIE), 1971, 674 Seiten

61　H. Schiffers: DIE SAHARA UND IHRE RANDGEBIETE. DARSTELLUNG EINES NATURGROSSRAUMES (BAND II: HUMANGEOGRAPHIE), 1972, 672 Seiten

62　H. Schiffers: DIE SAHARA UND IHRE RANDGEBIETE. DARSTELLUNG EINES NATURGROSSRAUMES (BAND III: REGIONALGEOGRAPHIE), 1973, 756 Seiten

63　A. Bodenstedt, T. Zauner und V. Kobelt: STAATLICH GEPLANTE PRODUKTIONSGENOSSENSCHAFTEN. DAS TUNESISCHE MODELL, 1971, 240 Seiten

64　J. Schultz: AGRARLANDWIRTSCHAFTLICHE VERÄNDERUNGEN IN TANZANIA: URSACHEN, FORMEN UND PROBLEMATIK LANDWIRTSCHAFTLICHER ENTWICKLUNG AM BEISPIEL DES IRAQW-HOCHLANDES UND SEINER RANDLANDSCHAFTEN, 1971, 294 Seiten

65　H. Harlander/D. Mezger: DEVELOPMENT BANKING IN AFRICA - SEVEN CASE STUDIES, 1971, 365 Seiten

66　W. Roider: FARM SETTLEMENTS FOR SOCIO-ECONOMIC DEVELOPMENT: THE WESTERN NIGERIAN CASE, 1971, 233 Seiten

67　T. Möller: BERGBAU UND REGIONALE ENTWICKLUNG IN OSTAFRIKA, 1971, 219 Seiten

68　G.A. Maguire: UHURU - TANZANIAS WEG IN DIE UNABHÄNGIGKEIT, 1972, 423 Seiten

69　M. Meck: PROBLEMS AND PROSPECTS OF SOCIAL SERVICES IN KENYA, 1971, 209 Seiten

70　M. Bohnet/H. Reichelt: APPLIED RESEARCH AND ITS IMPACT ON ECONOMIC DEVELOPMENT. THE EAST AFRICAN CASE, 1972, 210 Seiten

71　H. und U.E. Simonis (Hrsg.): SOCIO-ECONOMIC DEVELOPMENT IN DUAL ECONOMIES - THE EXAMPLE OF ZAMBIA, 1971, 462 Seiten

72　H.-W.von Haugwitz unter Mitarbeit von H. Thorwart: SOME EXPERIENCES WITH SMALLHOLDER SETTLEMENT IN KENYA, 1963/64 - 1966/67, 1972, 104 Seiten

73　V. Popovic: TOURISM IN EASTERN AFRICA, 1972, 208 Seiten

74　E. Götz: SIEDLERBETRIEBE IM BEWÄSSERUNGSGEBIET DES UNTEREN MEDJERDA-TALES / TUNESIEN, 1972, 208 Seiten

75　F.E. Bernard: EAST OF MOUNT KENYA: MERU AGRICULTURE IN TRANSITION, 1972, 176 Seiten

76　F. Ansprenger/H. Traeder/R.Tetzlaff: DIE POLITISCHE ENTWICKLUNG GHANAS VON NKRUMAH BIS BUSIA, 1972, 240 Seiten

77　H. Brandt/E.Gerken/B. Schubert: THE INDUSTRIAL TOWN AS FACTOR OF ECONOMIC ANS SOCIAL DEVELOPMENT: THE EXAMPLE JINJA/UGANDA, 1972, 451 Seiten

78　R. Hofmeier: TRANSPORT AND ECONOMIC DEVELOPMENT IN TANZANIA, 1973, 364 Seiten

79　D. Karsten: THE ECONOMIC HANDICRAFTS IN TRADITIONAL SOCIETIES - AN INVESTIGATION IN SIDAMO AND GEMU GOFFA PROVINCE, SOUTHERN ETHIOPIA, 1973, 171 Seiten

80　S. Pausewang: METHODS AND CONCEPTS OF SOCIAL RESEARCH IN A RURAL DEVELOPING SOCIETY, 1973, 214 Seiten

81　L. Schätzl: INDUSTRIALISATION IN NIGERIA - A SPATIAL ANALYSIS, 1973, 273 Seiten

82　M. Bardeleben: THE COOPERATIVE SYSTEM IN THE SUDAN - DEVELOPMENT, CHARACTERISTICS AND IMPORTANCE IN THE SOCIO-ECONOMIC DEVELOPMENT PROCESS, 1973, 126 Seiten

83　R. Chambers/M. Moris (Hrsg.): MWEA - AN IRRIGATED RICE SETTLEMENT IN CENTRAL KENYA, 1973, 540 Seiten

84　K. Engelhardt: DIE WIRTSCHAFTSRÄUMLICHE GLIEDERUNG OSTAFRIKAS, 1974, 313 Seiten

85　W.A. Ndongko: PLANNING FOR ECONOMIC DEVELOPMENT IN A FEDERAL STATE. THE CASE OF CAMEROON, 1960-71, 1974, 214 Seiten

86　A.J.Halbach/H.X.Helmschrott/W.Ochel/J.Riedel: INDUSTRIALISIERUNG IN TROPISCH-AFRIKA, 1975, 409 Seiten

87　H.E. Jahnke: TSETSE FLIES AND LIVESTOCK DEVELOPMENT IN EAST AFRICA. A STUDY IN ENVIRONMENTAL ECONOMICS, 1976, 180 Seiten

88　M. Berger: INDUSTRIALISATION POLICIES IN NIGERIA, 1975, 343 Seiten

89 Domenico Mazzeo: FOREIGN ASSISTANCE AND THE EAST AFRICAN COMMON SERVICES DURING THE 1960s, WITH SPECIAL REFERENCE TO MULTILATERAL CONTRIBUTIONS, 1975, 280 Seiten

90 Axel J. Halbach: DIE SÜDAFRIKANISCHEN BANTU-HOMELANDS, KONZEPTION - STRUKTUR - ENTWICKLUNGSPERSPEKTIVEN, 1976, 259 Seiten

91 Herbert Michel: WIRTSCHAFTSSTRUKTUR UND INDUSTRIALISIERUNGSPROBLEME ZAIRES - EINE REGIONALE ANALYSE, 1976, 261 Seiten

92 Heinrich Scholler und Paul Brietzke: ETHIOPIA : REVOLUTION, LAW AND POLITICS, 1976, 203 Seiten

93 Stefan v. Gnielinski: DER TRADITIONELLE FISCHFANG IN WESTAFRIKA, LIBERIA - ELFENBEINKÜSTE - SIERRA LEONE, 1976, 203 Seiten

94 Heinrich Schiffers und Mitarbeiter: NACH DER DÜRRE, DIE ZUKUNFT DES SAHEL, 1976, 370 Seiten

95 Jürgen Schultz: LAND USE IN ZAMBIA (zwei Bände, davon ein Kartenband), 1976, 215 Seiten

96 Gerhard Payr: FÖRDERUNG UND BERATUNG TRADITIONELLER KLEINBAUERN IN SALIMA/ MALAWI, 1977, 302 Seiten

97 Joachim Jeske: BOTSWANA - LESOTHO- SWAZILAND, 1977, 396 Seiten

98 Johannes Lagemann: TRADITIONAL AFRICAN FARMING SYSTEMS IN EASTERN NIGERIA, 1977, 269 Seiten

99 Reinhart Bartsch: ECONOMIC PROBLEMS OF PEST CONTROL- EXAMINED FOR THE CASE OF THE GEZIRA/SUDAN- 1978, 124 Seiten

100 Eike W. Schamp: INDUSTRIALISIERUNG IN ÄQUATORIALAFRIKA- Zur raumwirksamen Steuerung des Industrialisierungsprozesses in den Küstenstaaten Kamerun, Gabun und Kongo, 1978, 321 Seiten

101 Richard Marvin: LAND OR WAGES. The Evaluation of Occupational and Residential Alternatives by the Rural Basoga, 1978, 195 Seiten

102 Walter Reichhold: DER SENEGALSTROM - LEBENSADER DREIER NATIONEN. Eine wirtschaftsgeographische Studie über die Nutzbarmachung des Senegalflusses und seiner Umwelt, 1978, 383 Seiten

103 Bernd Heine: SPRACHE, GESELLSCHAFT UND KOMMUNIKATION IN AFRIKA, 1978, ca. 250 Seiten

104 Semakula Kiwanuka: AMIN AND THE TRAGEDY OF UGANDA, 1979, 210 Seiten

105 Ingeborg Aumüller: DEKOLONISATION UND NATIONWERDUNG IN SANSIBAR. Prozesse zur Unabhängigkeit und territorialen Integration 1980, 182 Seiten

106 Paul T. Kennedy: GHANAIAN BUSINESSMEN: From artisan to capitalist entrepreneur in a dependent economy, 1980 180 Seiten

B. Sonderreihe 'Information und Dokumentation' der 'Afrika-Studien'

1 Fritz Betz (Bearb.): AFRIKA-VEDEMECUM (GRUNDDATEN ZUR WIRTSCHAFTSSTRUKTUR UND WIRTSCHAFTSENTWICKLUNG AFRIKAS), 1968, 163 Seiten (vergriffen, siehe Nr. 4)

2 H.Harlander/D.Mezger (Bearb.): ENTWICKLUNGSBANKEN UND -GESELLSCHAFTEN IN AFRIKA (GRUNDDATEN ZU 95 AFRIKANISCHEN FINANZIERUNGS-INSTITUTIONEN), 1969, 211 Seiten

3 F. Betz (Bearb.): ENTWICKLUNGSHILFE AN AFRIKA (EIN STATISTISCHES KOMPENDIUM MIT KARTEN, SCHAUBILDERN UND ERLÄUTERNDEM TEXT), 1970, 120 Seiten

4 F. Betz (Bearb.): AFRIKA-VADEMECUM 1972, zweite, aktualisierte und erheblich erweiterte Auflage, 1972, 216 Seiten

5 W. Marquardt: SEYCHELLEN - KOMOREN - MASKARENEN, HANDBUCH DER OSTAFRIKANISCHEN INSELWELT, 1975, 346 Seiten

C. Reihe 'Forschungsberichte'

1 N. Ahmad/E.Becher/E.Harder: WIRTSCHAFTSPLANUNG UND ENTWICKLUNGSPOLITIK IN TROPISCH'AFRIKA, 1965, 283 Seiten (vergriffen)

2 O. Raum: THE HUMAN FACTOR IN THE DEVELOPMENT OF THE KILOMBERO VALLEY, 1965, 56 Seiten (vergriffen)

3 H.Klemm und P.v. Marlin: DIE EWG-MARKTORDNUNGEN FÜR AGRARPRODUKTE UND DIE ENTWICKLUNGSLÄNDER, 1965, 97 Seiten (vergriffen)

4 Alfred H. Rabe: DER ACKERBAU AUF DER INSEL MADAGASKAR UNTER BESONDERER BERÜCKSICHTIGUNG DER REISKULTUR, 1965, 346 Seiten (vergriffen)

5 P.v. Marlin: THE IMPACT OF EXTERNAL ECONOMIC RELATIONS ON THE ECONOMIC DEVELOPMENT IN EAST AFRICA, 1966, 110 Seiten (vergriffen)

6 Hildegard Harlander: WIRTSCHAFTSFORSCHUNG IN TROPISCH-AFRIKA. ERGEBNISSE EINER INFORMATIONSREISE IM APRIL UND MAI 1966, 1966, 192 Seiten (vergriffen)

7 F. Goll: STUDIE ZUR ENTWICKLUNGSHILFE DES STAATES ISRAEL AN ENTWICKLUNGSLÄNDER. UNTER BESONDERER BERÜCKSICHTIGUNG OSTAFRIKAS, 1967, 189 Seiten

8 Axel J. Halbach: DIE WIRTSCHAFT SÜDWESTAFRIKAS, EINE WIRTSCHAFTSGEOGRAPHISCHE STUDIE, 1967, 210 Seiten (vergriffen)

9 Nikolaus Newiger: CO-OPERATIVE FARMING IN KENYA AND TANZANIA, 1967, 157 Seiten (vergriffen)

10 Wolfgang Erz: WILDSCHUTZ UND WILDTIERNUTZUNG IN RHODESIEN UND IM ÜBRIGEN SÜDLICHEN AFRIKA, 1967, 97 Seiten (vergriffen)

11 Fritz Dieterlen und Peter Kunkel: ZOOLOGISCHE STUDIEN IM KIVU-GEBIET (KONGO-KINSHASA), 1967, 138 Seiten

12 Dorothea Mezger und Eleonore Littich: WIRTSCHAFTSWISSENSCHAFTLICHE VERÖFFENTLICHUNGEN ÜBER OSTAFRIKA IN ENGLISCHER SPRACHE. EINE BIBLIOGRAPHIE DES NEUEREN ENGLISCHSPRACHIGEN SCHRIFTTUMS MIT INHALTSANGABEN, 1967, 383 Seiten (vergriffen)

13 J.O.Müller: PROBLÈMES DE L'ÉLEVAGE CONTRACTUEL DES BOVINS PAR LES PASTEURS FOULBE (PEULH) EN AFRIQUE OCCIDENTALE, 1967, 187 Seiten (vergriffen)

14 W. Jürgens: EXAMINATION OF THE PHYSICAL DEVELOPMENT OF TANZANIA YOUTH, 1967, 152 Seiten (vergriffen)

15 Hans Reichelt: THE CHEMICAL AND ALLIED INDUSTRIES IN KENYA, 1967, 182 Seiten (vergriffen)

16 Eckhard Baum: DIE ORGANISATION DER BODENNUTZUNG IM KILOMBERO-TAL/TANZANIA, 1967, 150 Seiten

17 Helmut Klemm: DIE ORGANISATION DER MILCHMÄRKTE OSTAFRIKAS, 1967, 164 Seiten

18 H. Leippert: PFLANZENÖKOLOGISCHE UNTERSUCHUNGEN IM MASAI-LAND TANZANIAS, 1968, 182 Seiten (vergriffen)

19 Karl Schädler: MANUFACTURING AND PROCESSING INDUSTRIES IN TANZANIA, 1969, 55 Seiten (vergriffen)

20 K. Gerresheim: LUFTBILDAUSWERTUNG IN OSTAFRIKA (VERSUCH EINER BESTANDSAUFNAHME), 1968, 225 Seiten (vergriffen)

21 H. Dequin: AGRICULTURAL DEVELOPMENT IN MALAWI, 1969, 248 Seiten

22 K. Erdmann: DIE ENTWICKLUNGSHILFE AN AFRIKA - UNTER BESONDERER BERÜCKSICHTIGUNG OSTAFRIKAS, 1969, 185 Seiten (vergriffen)

23 F. Scherer: THE DEVELOPMENT OF SMALLHOLDER VEGETABLE PRODUCTION IN KIGEZI/UGANDA, 1969, 217 Seiten

24 G. Hübner: VOLKSWIRTSCHAFTLICHE BEDEUTUNG, UMFANG, FORMEN UND ENTWICKLUNGSMÖGLICHKEITEN DES PRIVATEN SPARENS IN OSTAFRIKA, 1970, 343 Seiten

25 H. Amann: OPERATIONALE KONZEPTE DER INFRASTRUKTUR IM WIRTSCHAFTLICHEN ENTWICKLUNGSPROZESS, 1970, 203 Seiten,

26 W. Magura: ENTWICKLUNG DER LANDWIRTSCHAFT IN DEN BANTU-GEBIETEN SÜD- UND SÜD-WEST-AFRIKAS, 1971, 211 Seiten (vergriffen)

27 M. Bohnet: WISSENSCHAFT UND ENTWICKLUNGSPOLITIK: ZUR FRAGE DER ANWENDUNG VON FORSCHUNGSERGEBNISSEN, 1969, 35 Seiten (kostenlos)

28 R. Hofmeier: DER BEITRAG DES VERKEHRSWESENS FÜR DIE WIRTSCHAFTLICHE ENTWICKLUNG TANZANIAS - UNTER BESONDERER BERÜCKSICHTIGUNG DES STRASSENVERKEHRS, 1970, 467 Seiten (vergriffen)

29 K. Meyn: BEEF PRODUCTION IN EAST AFRICA, 1970, 227 Seiten

30 D.Berg-Schlosser: THE DISTRIBUTION OF INCOME AND EDUCATION IN KENYA: CAUSES AND POTENTIAL POLITICAL CONSEQUENCES, 1970, 80 Seiten (vergriffen)

31 W. Roider: ZUM STAND DER INDUSTRIALISIERUNG IN TROPISCH-AFRIKA, 1971, 86 Seiten

32 A.J.Halbach: ASPEKTE DER INDUSTRIALISIERUNG IN TROPISCH-AFRIKA - EINE KOMMENTIERTE AUFSATZ-BIBLIOGRAPHIE, 1971, 290 Seiten

33 H. Dennig/P.Hoppe/P.Walter et al.: VERGLEICHENDE UNTERSUCHUNGEN ÜBER DIE TIERKRANKHEITEN DER NUTZBAREN WIEDERKÄUER KENYAS, 1971, 139 Seiten

34 G. Baumhögger: GRUNDSÄTZE DER GESCHICHTE UND POLITISCHEN ENTWICKLUNG OSTAFRIKAS - EINE EINFÜHRUNG AN HAND DER NEUEREN LITERATUR, 1971, 156 Seiten

35 H. Schütte: SOZIALE PROBLEME DER JUGEND IN ARMEN LÄNDERN. ÜBERLEGUNGEN AN BEISPIELEN AUS OST- UND ZENTRALAFRIKA, 1971, 49 Seiten

36 A.J.Halbach: THEORIE UND PRAXIS DER EVALUIERUNG VON PROJEKTEN IN ENTWICKLUNGSLÄNDERN. EINE BESTANDSAUFNAHME, 1972, 176 Seiten

37 H. Bergmann: MODERNISIERUNG DURCH GENOSSENSCHAFTEN - EINE SOZIOLOGISCHE ANALYSE LANDWIRTSCHAFTLICHER GENOSSENSCHAFTEN IM SENEGAL, 1972, 353 Seiten

38 D. und G. Bald: WIRTSCHAFT UND WISSENSCHAFT IN DER DEUTSCHEN KOLONIALPOLITIK AMANI-DEUTSCH-OSTAFRIKA 1900 - 1918, 115 Seiten

39 A.J.Halbach: DIE VERTREIBUNG DER ASIATEN AUS UGANDA: SIEBEN MONATE AMIN'SCHER POLITIK IN DOKUMENTEN, 1973, 281 Seiten.

40 M. Linear: THE CONSERVATION OF NATURE THROUGH THE RATIONAL EXPLOITATION OF WILDLIFE RESSOURCES, 1973, 105 Seiten

41 M. Bohnet: ENTWICKLUNGSFORSCHUNG UND ENTWICKLUNGSPOLITIK. EINE BILANZ DES AFRIKA-FORSCHUNGSPROGRAMMS DES IFO-INSTITUTS, TEIL I: INHALT, ZIELE, METHODEN UND PROBLEMKREISE (Dieser Teil ist auch in englischer Sprache verfügbar), TEIL II: PROBLEMORIENTIERTE KURZFASSUNG ALLER VERÖFFENTLICHTEN AFRIKA-STUDIEN UND AFRIKA-FORSCHUNGSBERICHTE, 1973, 116 und 377 Seiten.

42 Heinrich Link: DIE BESITZREFORM VON GROSSFARMEN IM HOCHLAND VON KENYA: ANALYSE UND ERFOLGSBEURTEILUNG, 1973, 196 Seiten

44 Mathias Schönborn: DIE ENTWICKLUNG TANZANIAS ZUM EINPARTEIENSTAAT, 1973, 184 Seiten

45 D.K.Agyeman: ERZIEHUNG UND NATIONWERDUNG IN GHANA, 1974, 267 Seiten.

46 P. Horst und H. Grell: STUDIEN ZUR SCHAF- UND ZIEGENHALTUNG IN DEN TROPEN UND SUBTROPEN, 1973, 98 Seiten

47 H. Schiffers (Hrsg.): DÜRREN IN AFRIKA - FAKTOREN-ANALYSE AUS DEM SUDAN-SAHEL, 1974, 242 Seiten

48 Hans E. Jahnke: THE ECONOMICS OF CONTROLLING TSETSE FLIES AND CATTLE TRYPANOSOMIASIS IN AFRICA - EXAMINED FOR THE CASE OF UGANDA, 1974, 359 Seiten

49 H.X. Helmschrott (Bearb.): PERSPEKTIVEN DER EG-ASSOZIIERUNG AUS EUROPÄISCHER UND AFRIKANISCHER SICHT. REFERATE UND DISKUSSIONSBEITRÄGE DER ADAF-TAGUNG VOM 5.-7. DEZEMBER 1973 IN BERLIN, 1974, 91 Seiten

50 A.J.Halbach: INDUSTRIESTRUKTUR UND INDUSTRIALISIERUNGSPOLITIK IN UGANDA, 1963 - 1972, 1974, 258 Seiten

51 H. Sheik-Diltey: DIE PUNJABI-MUSLIM IN KENYA - LEISTUNGEN UND SCHICKSAL EINER ASIATISCHEN MINORITÄT IN AFRIKA, 1974, 194 Seiten

52 E. Baier: SOZIALSTRUKTUR, COMMUNITY DEVELOPMENT UND ENTWICKLUNGSPLANUNG IN ÄTHIOPIEN, 1974, 413 Seiten

53 R. Osterkamp: VOM HÄNDLER ZUM INDUSTRIEUNTERNEHMER? ZUR BERUFLICHEN MOBILITÄT IN ENTWICKLUNGSLÄNDERN AM BEISPIEL ÄTHIOPIENS, 1974, 113 Seiten

54 H.E. Jahnke: CONSERVATION AND UTILIZATION OF WILDLIFE IN UGANDA. A STUDY IN ENVIRONMENTAL ECONOMICS, 132 Seiten

55 Hans Joachim Frey: INTENSIVIERUNG KLEINBÄUERLICHER BETRIEBE DURCH ANGEPASSTE AGRARTECHNIK. ARBEITSSTUDIEN IM BAHATI SETTLEMENT SCHEME, KENYA, 1976, 188 Seiten

56 Birgit von Ungern-Sternberg: DIE LANDWIRT-
SCHAFTLICHE ENTWICKLUNG UND PLANUNG
IN DER TRANSKEI, 1976, 341 Seiten

57 Joachim von Stockhausen: ENTWICKLUNGSBANKEN
ALS TRÄGER DER KLEINBETRIEBSFÖRDERUNG
IN ENTWICKLUNGSLÄNDERN? 1977, 117 Seiten

58 Winfried Veit: NATIONALE EMANZIPATION:
ENTWICKLUNGSSTRATEGIE UND AUSSEN-
POLITIK IN TROPISCH-AFRIKA, DIE BEI-
SPIELE ELFENBEINKÜSTE UND GUINEA,
1978, 457 Seiten

59 William D. Coale jr.: WEST GERMAN TRANS-
NATIONALS IN TROPICAL AFRICA. The Case
of Liberia and the Bong Mining Company
1978, 299 Seiten

D. Reihe "Ifo-Studien zur Entwicklungsforschung"

1 M. Bohnet/R. Betz: EINKOMMENSVERTEILUNG
IN ENTWICKLUNGSLÄNDERN, 1976, 178 Seiten

2 H. Michel/W. Ochel: LÄNDLICHE INDUSTRIALI-
SIERUNG IN ENTWICKLUNGSLÄNDERN, 1976,
273 Seiten

3 J. Riedel/S. Schultz: BAUWIRTSCHAFT UND
BAUSTOFFINDUSTRIE IN ENTWICKLUNGS-
LÄNDERN, 1978, 254 Seiten

4 Anton Gälli: DIE SOZIO-ÖKONOMISCHE ENT-
WICKLUNG DER OPEC-STAATEN - Auswirkungen
und Perspektiven des Devisenreichtums - 1978,
396 Seiten

5 Wolfgang Ochel: DIE INDUSTRIALISIERUNG DER
ARABISCHEN OPEC-LÄNDER UND DES IRAN -
Erdöl und Erdgas im Industrialisierungsprozeß -
1978, 192 Seiten

6 Klaus Gottstein (Hrsg.): WISSENSCHAFT UND
TECHNOLOGIE FÜR DIE DRITTE WELT. Vor-
tragstexte einer Arbeitstagung in Feldafing/Obb.
im November 1978 zur Vorbereitung der
deutschen Beiträge zur United Nations Conference
on Science and Technology for Development
(UNCSTD), 1979, 261 Seiten

7 Jürgen Riedel et al.: MULTILATERALE INDU-
STRIEKOOPERATION. Die Initiativen der UNIDO
und weitere Ansätze, 1980, 333 Seiten